Arun Kumar R.

Uma nova abordagem para o agrupamento de documentos

Arun Kumar R.

Uma nova abordagem para o agrupamento de documentos

Técnica para Aliança de Documentos

ScienciaScripts

Imprint

Any brand names and product names mentioned in this book are subject to trademark, brand or patent protection and are trademarks or registered trademarks of their respective holders. The use of brand names, product names, common names, trade names, product descriptions etc. even without a particular marking in this work is in no way to be construed to mean that such names may be regarded as unrestricted in respect of trademark and brand protection legislation and could thus be used by anyone.

Cover image: www.ingimage.com

This book is a translation from the original published under ISBN 978-3-659-85047-9.

Publisher:
Sciencia Scripts
is a trademark of
Dodo Books Indian Ocean Ltd. and OmniScriptum S.R.L publishing group

120 High Road, East Finchley, London, N2 9ED, United Kingdom
Str. Armeneasca 28/1, office 1, Chisinau MD-2012, Republic of Moldova, Europe
Printed at: see last page
ISBN: 978-3-330-08510-7

ÍNDICE DE CONTEÚDOS

RESUMO

O agrupamento hierárquico constrói uma hierarquia de clusters através da fusão repetida de dois clusters mais pequenos num maior ou da divisão de um cluster maior em clusters mais pequenos. A etapa crucial aqui envolvida é como selecionar o(s) melhor(es) agrupamento(s) seguinte(s) para dividir ou fundir. Aqui, apresentamos um novo agrupamento de medidas de semelhança de pontos de origem múltipla que mede tanto o intra-agrupamento como o inter-agrupamento com base na origem múltipla e não na origem única. A principal diferença entre estas duas medidas reside no facto de assumirem que dois objectos a medir não devem estar no mesmo agrupamento e devem estar em agrupamentos diferentes. Inicialmente, cada documento é atribuído a um cluster e, em seguida, calcula as semelhanças entre os documentos para fundir os dois clusters que têm um significado semelhante. As medidas de semelhança são efectuadas com base na origem múltipla e utilizam a medida de semelhança cosseno. Foi proposta uma nova forma de calcular a taxa de sobreposição para melhorar a eficiência do tempo e a pureza do agrupamento. Em cada iteração de agrupamento, o conjunto de documentos foi atualizado no agrupamento com base na função de critério. As métricas de avaliação, como a pureza e a entropia, mostram que o trabalho proposto fornece um bom resultado de agrupamento.

CAPÍTULO 1 INTRODUÇÃO

1.1 ANÁLISE DE AGRUPAMENTO

O agrupamento é a classificação de objectos em diferentes grupos ou, mais precisamente, a partição de um conjunto de dados em subconjuntos (clusters), de modo a que os dados em cada subconjunto (idealmente) partilhem uma caraterística comum - frequentemente a proximidade de acordo com uma medida de distância definida. O agrupamento de dados é uma técnica comum de análise estatística de dados, utilizada em muitos domínios, incluindo a aprendizagem automática, a extração de dados, o reconhecimento de padrões, a análise de imagens e a bioinformática. A tarefa computacional de classificar o conjunto de dados em k clusters é frequentemente designada por k-clustering. Para além do termo agrupamento de dados (ou apenas agrupamento), há uma série de termos com significados semelhantes, incluindo análise de agrupamentos, classificação automática, taxonomia numérica e análise tipológica.

O objetivo do agrupamento de documentos é agrupar, de forma não supervisionada, um determinado conjunto de documentos em clusters, de modo a que os documentos de cada cluster sejam mais semelhantes entre si do que os de clusters diferentes. É uma técnica que permite uma vasta gama de tarefas de recuperação de informação, como a organização eficiente, a pesquisa e o resumo de grandes volumes de documentos de texto. A análise de clusters visa organizar uma coleção de padrões em clusters com base na semelhança. O agrupamento tem as suas raízes em muitos domínios, como a matemática, a informática, a estatística, a biologia e a economia. Em diferentes domínios de aplicação, foi desenvolvida uma variedade de técnicas de agrupamento, dependendo dos métodos utilizados para representar os dados, das medidas de semelhança entre os objectos de dados e das técnicas de agrupamento dos objectos de dados em grupos.

1.2 TIPOS DE AGRUPAMENTO

Os algoritmos de agrupamento de dados podem ser hierárquicos. Os algoritmos hierárquicos encontram clusters sucessivos utilizando clusters previamente estabelecidos. Os algoritmos hierárquicos podem ser aglomerativos ("bottom-up") ou divisivos ("top-down"). Os algoritmos aglomerativos começam com cada elemento como um cluster separado e fundem-nos em clusters sucessivamente maiores. Os algoritmos divisivos começam com o conjunto completo e procedem à sua divisão em clusters sucessivamente mais pequenos. Os algoritmos particionados determinam normalmente todos os agrupamentos de uma só vez, mas também podem ser utilizados como algoritmos de divisão no agrupamento hierárquico.

O agrupamento bidirecional, o co-agrupamento ou o bi-agrupamento são métodos de agrupamento em que não só os objectos são agrupados, mas também as caraterísticas dos objectos, ou seja, se os dados estiverem representados numa matriz de dados, as linhas e as colunas são agrupadas simultaneamente.

1.3 MEDIDA DE DISTÂNCIA

Um passo importante em qualquer agrupamento é selecionar uma medida de distância, que determinará a forma como a semelhança de dois elementos é calculada. Isto influenciará a forma dos agrupamentos, uma vez que alguns elementos podem estar próximos uns dos outros de acordo com uma distância e mais afastados de acordo com outra. Por exemplo, num espaço bidimensional, a distância entre o ponto (x=1, y=0) e a origem (x=0, y=0) é sempre 1, de acordo com as normas habituais, mas a distância entre o ponto (x=1, y=1) e a origem pode ser 2, $\sqrt{2}$ ou 1, se tomarmos, respetivamente, a distância 1-norma, 2-norma ou infinita-norma.

1.3.1 Funções de distância

(a) Distância Euclidiana

A distância euclidiana, também designada por distância em linha reta ou distância 2-norma. Uma revisão da análise de agrupamentos na investigação em psicologia da saúde revelou que a medida de distância mais comum nos estudos publicados nessa área de investigação é a distância euclidiana ou a distância euclidiana ao quadrado.

(b) Semelhança de cosseno

Quando os documentos são representados como vectores de termos, a semelhança de dois documentos corresponde à correlação entre os vectores. Esta é quantificada como o cosseno do ângulo entre os vectores, ou seja, a chamada semelhança de cosseno. A similaridade cosseno é uma das medidas de similaridade mais populares aplicadas a documentos de texto, como em numerosas aplicações de recuperação de informação e de agrupamento.

(c) Coeficiente de Jaccard

É por vezes referido como o coeficiente de Tanimoto, mede a semelhança como a intersecção dividida pela união dos objectos. Para um documento de texto, o coeficiente de Jaccard compara a soma do peso dos termos partilhados com a soma do peso dos termos que estão presentes em qualquer um dos dois documentos, mas que não são os termos partilhados.

(d) Coeficiente de Correlação de Pearson

É outra medida da medida em que dois vectores estão relacionados. Existem diferentes formas da fórmula do coeficiente de correlação de Pearson.

1.4 AGRUPAMENTO HIERÁRQUICO

1.4.1 Criação de clusters

O agrupamento hierárquico constrói (aglomerativo), ou quebra (divisivo), uma hierarquia de agrupamentos. A representação tradicional desta hierarquia é uma árvore (designada por dendrograma), com elementos individuais numa extremidade e um único agrupamento contendo todos os elementos na outra. Os algoritmos aglomerativos começam nas folhas da árvore, enquanto os algoritmos divisivos começam na raiz.

O corte da árvore a uma determinada altura dará origem a um agrupamento com uma precisão selecionada. No exemplo seguinte [Fig. 1.1] , o corte após a segunda linha produzirá agrupamentos {a} {b c} {d e} {f}. O corte após a terceira linha produzirá os agrupamentos {a} {b c} {d e f}, que é um agrupamento mais grosseiro, com um número menor de agrupamentos maiores.

1.4.2 Agrupamento hierárquico aglomerativo

Por exemplo, suponha que estes dados devem ser agrupados e que a distância euclidiana é a métrica de distância.

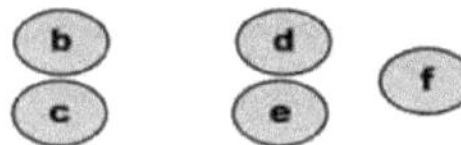

Fig. 1.1: Dados em bruto

O dendograma de agrupamento hierárquico seria o seguinte:

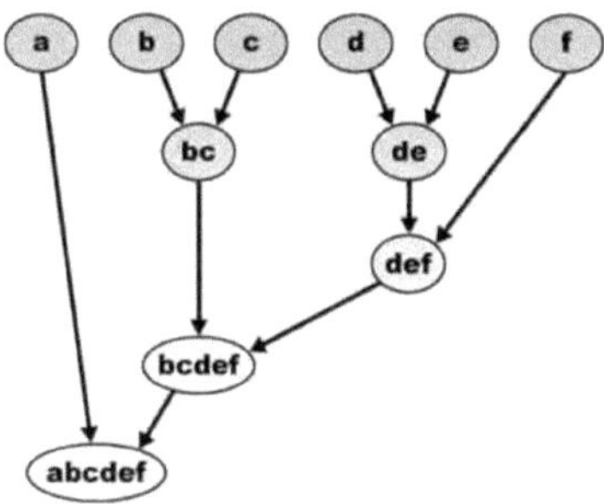

Fig 1.2: Representação tradicional

Este método constrói a hierarquia a partir dos elementos individuais através da fusão progressiva de clusters. No exemplo, estão representados seis elementos {a} {b} {c} {d} {e} e {f}. O primeiro passo é determinar quais os elementos a fundir num cluster. Normalmente, o principal objetivo é selecionar os dois elementos mais próximos, de acordo com a distância escolhida.

Opcionalmente, também se pode construir uma matriz de distâncias nesta fase, em que o número na i-ésima linha j-ésima coluna é a distância entre os elementos i-ésimo e j-ésimo. Depois, à medida que o agrupamento progride, as linhas e colunas são fundidas à medida que os agrupamentos são fundidos e as distâncias são actualizadas. Esta é uma forma comum de implementar este tipo de agrupamento e tem a vantagem de armazenar em cache as distâncias entre os agrupamentos. Um algoritmo de agrupamento aglomerativo simples é descrito na página de agrupamento de ligação simples; pode ser facilmente adaptado a diferentes tipos de ligação.

Normalmente, a distância entre dois clusters A e B é uma das seguintes:

- A distância máxima entre os elementos de cada agrupamento (também designada por agrupamento de ligação completa):

$$\max\{d(x,y) : x \in A, y \in B\} \qquad \text{-----}> (1.1)$$

- A distância mínima entre os elementos de cada agrupamento (também designada por agrupamento de ligação única):

$$\min(d(x,y) : x \in A, y \in B\} \qquad \text{-----}> (1.2)$$

- A distância média entre os elementos de cada agrupamento (também designada por agrupamento de ligação média, utilizada, por exemplo, em UPGMA):

$$\frac{1}{|A|.|B|} \sum_{x \in A} \sum_{y \in B} d(x,y) \qquad \text{-----}> (1.3)$$

- A soma de toda a variância intra-cluster

- O aumento da variância para o cluster que está a ser fundido (critério de Ward)

- A probabilidade de os clusters candidatos serem gerados a partir da mesma função de distribuição (V-linkage)

Cada aglomeração ocorre a uma distância maior entre os clusters do que a aglomeração anterior, e é possível decidir parar a agregação quando os clusters estão demasiado afastados para serem fundidos (critério da distância) ou quando existe um número suficientemente pequeno de clusters (critério do número).

1.5 AGRUPAMENTO DE CONCEITOS

Outra variação da abordagem de agrupamento aglomerativo é o agrupamento concetual.

1.5.1 Agrupamento parcial

(a)   Agrupamento K-means

O algoritmo K-means atribui cada ponto ao agrupamento cujo centro (também designado por centróide) está mais próximo. O centro é a média de todos os pontos do agrupamento, ou seja, as suas coordenadas são a média aritmética de cada dimensão separadamente em todos os pontos do agrupamento.

As principais vantagens deste algoritmo são a sua simplicidade e rapidez, o que lhe permite funcionar em grandes conjuntos de dados. A sua desvantagem é o facto de não produzir o mesmo resultado em cada execução, uma vez que os agrupamentos resultantes dependem das atribuições aleatórias iniciais. Minimiza a variância intra-cluster, mas não garante que o resultado tenha um mínimo global de variância.

(b)   Fuzzy c-means clustering

No agrupamento difuso, cada ponto tem um grau de pertença aos agrupamentos, como na lógica difusa, em vez de pertencer completamente a apenas um agrupamento. Assim, os pontos na extremidade de um agrupamento podem estar no agrupamento em menor grau do que os pontos no centro do agrupamento. Para cada ponto x, existe um coeficiente que dá o grau de pertença ao k agrupamento $u_k(x)$. Normalmente, a soma desses coeficientes é definida como sendo 1:

$$\forall x \sum_{k=1}^{num.clusters} u_k\,(x) = 1 \qquad \text{-----> (1.4)}$$

Com o fuzzy c-means, o centróide de um cluster é a média de todos os pontos, ponderada pelo seu grau de pertença ao cluster:

$$center_k = \frac{\sum_x u_k(x)^m x}{\sum_x u_k(x)^m} \qquad \text{-----> (1.5)}$$

O grau de pertença está relacionado com o inverso da distância ao centro do agrupamento:

$$u_k(x) = \frac{1}{d(center_k,x)\prime} \qquad \text{-----> (1.6)}$$

então os coeficientes são normalizados e fuzzy com um parâmetro real m > 1 para que a sua soma seja 1.

O algoritmo fuzzy c-means é muito semelhante ao algoritmo k-means:

*   Escolha um número de clusters.

*   Atribuir aleatoriamente a cada ponto coeficientes para estar nos agrupamentos.

- Repetir até que o algoritmo tenha convergido (ou seja, a variação dos coeficientes entre duas iterações não é superior a ε, o limiar de sensibilidade dado) :

- Calcular o centróide para cada agrupamento, utilizando a fórmula acima.

- Para cada ponto, calcular os seus coeficientes de presença nos agrupamentos, utilizando a fórmula.

O algoritmo também minimiza a variância intra-cluster, mas tem os mesmos problemas que o k-means: o mínimo é um mínimo local e os resultados dependem da escolha inicial dos pesos. O algoritmo de maximização da expetativa é um método mais formalizado estatisticamente que inclui algumas destas ideias: associação parcial em classes. Tem melhores propriedades de convergência e é, em geral, preferível ao fuzzy-c-means.

1.6 AGRUPAMENTO HIERÁRQUICO DE DOCUMENTOS UTILIZANDO CONJUNTOS DE ITENS FREQUENTES

O agrupamento de documentos tem sido intensamente estudado devido à sua vasta aplicabilidade em áreas como a extração de dados da Web, os motores de busca, a recuperação de informação e a análise topológica. Ao contrário da classificação de documentos, na agregação de documentos não são fornecidos documentos etiquetados. Embora as técnicas de agrupamento padrão, como a k-média, possam ser aplicadas ao agrupamento de documentos, normalmente não satisfazem os requisitos especiais para o agrupamento de documentos: elevada dimensionalidade, elevado volume de dados, facilidade de navegação e etiquetas de agrupamento significativas. Além disso, muitos dos algoritmos de agrupamento de documentos existentes exigem que o utilizador especifique o número de agrupamentos como parâmetro de entrada e não são suficientemente robustos para lidar com diferentes tipos de conjuntos de documentos num ambiente real.

Por exemplo, nalguns conjuntos de documentos, a dimensão dos agrupamentos varia entre poucos e milhares de documentos. Esta variação reduz tremendamente a exatidão do agrupamento de alguns dos algoritmos mais avançados. O agrupamento hierárquico baseado em conjuntos de itens frequentes (FIHC), para o agrupamento de documentos, baseia-se na ideia de conjuntos de itens frequentes proposta por Benjamin et al. [8]. A intuição do nosso critério de agrupamento é que existem alguns conjuntos de itens frequentes para cada agrupamento (tópico) no conjunto de documentos, e diferentes agrupamentos partilham poucos conjuntos de itens frequentes. Um conjunto de itens frequentes é um conjunto de palavras que ocorrem em conjunto numa fração mínima de documentos de um agrupamento. Por conseguinte, um conjunto de itens frequentes descreve algo comum a muitos documentos de um cluster. Nesta técnica, utilizam-se conjuntos de itens frequentes para construir clusters e organizá-los numa hierarquia de tópicos. Eis as caraterísticas desta abordagem.

(a) Redução da dimensionalidade

Esta abordagem utiliza apenas os itens frequentes que ocorrem numa fração mínima de documentos nos vectores de documentos, o que reduz drasticamente a dimensionalidade do conjunto de documentos. As experiências mostram que o agrupamento com dimensionalidade reduzida é significativamente mais eficiente e escalável. Esta decisão é consistente com o estudo da linguística (Longman Lancaster Corpus), segundo o qual são necessárias apenas 3000 palavras para cobrir 80% do texto escrito em inglês.

(b) Elevada precisão de agrupamento

Os resultados experimentais mostram que a abordagem proposta FIHC supera os melhores algoritmos de agrupamento de documentos em termos de exatidão. É robusta mesmo quando aplicada a conjuntos de documentos grandes e complicados.

(c) Número de clusters como parâmetro de entrada opcional

Muitos algoritmos de agrupamento existentes exigem que o utilizador especifique o número desejado de clusters como parâmetro de entrada. O FIHC trata-o apenas como um parâmetro de entrada opcional. É possível obter uma qualidade de agrupamento próxima da óptima mesmo quando este valor é desconhecido.

1.7 SOBRE O PROJECTO

As técnicas de agrupamento de documentos baseiam-se principalmente na análise de um único termo do conjunto de dados do documento, como o modelo de espaço vetorial. Para conseguir um agrupamento de documentos mais exato, as caraterísticas mais informativas, incluindo as frases e os seus pesos, são particularmente importantes nestes cenários. O agrupamento de documentos é particularmente útil em muitas aplicações, como a categorização automática de documentos, o agrupamento de resultados de motores de busca, a criação de taxonomias de documentos, entre outras. Para isso, o método de agrupamento hierárquico proporciona uma melhor melhoria na obtenção do resultado. Além disso, utiliza pontos de origem múltipla e optimiza os agrupamentos em cada nível de iteração. Também utiliza várias funções de critério com base nos requisitos.

1.8 OBJECTIVO

O objetivo deste projeto é agrupar hierarquicamente o documento dado e otimizar os agrupamentos. Aqui, em vez de usar um único ponto de origem, usamos Multi-Origin que nos dá semelhanças e dissemelhanças entre vários documentos.

CAPÍTULO 2 INQUÉRITO BIBLIOGRÁFICO

2.1 AGRUPAMENTO COM BASE EM MÚLTIPLOS PONTOS DE VISTA

MEDIDA DE SEMELHANÇA

Duc Thang Nguyen et al. [1] propuseram um novo método de agrupamento que diz respeito a múltiplas origens e mede tanto o intra-cluster como o inter-cluster. Propuseram uma similaridade de cosseno que pode ser expressa da seguinte forma sem alterar o seu significado:

$$\text{Sim}(d_i, d_j) = \cos(d_i\text{-}0, d_j\text{-}0) = (d_i\text{-}0)^t(d_j\text{-}0) \qquad \text{-----> } (2.1)$$

em que 0 é o vetor 0 que representa o ponto de origem. De acordo com esta fórmula, a medida toma 0 como um e único ponto de referência. A semelhança entre dois documentos di e dj é determinada em função do ângulo entre os dois pontos quando se olha a partir da origem. Para construir um novo conceito de semelhança, é possível utilizar mais do que apenas um ponto de referência. É possível obter uma avaliação mais exacta da proximidade ou distância de um par de pontos, se os observarmos de vários pontos de vista diferentes. A partir de um terceiro ponto dh, as direcções e distâncias a di e dj são indicadas, respetivamente, pelos vectores diferença (di-dh) e (dj-dh). Ao posicionar-se em vários pontos de referência dh para ver di, dj e trabalhar nos seus vectores de diferença, defina a semelhança entre os dois documentos como

$$Sim(d_i - d_j) = \frac{1}{n - n_r} \sum Sim(d_i - d_h, d_j - d_h) \qquad \text{-----> } (2.2)$$

Como descrito na equação acima, a semelhança entre dois documentos di e dj, dado que estão no mesmo agrupamento, é definida como a média das semelhanças medidas relativamente às vistas de todos os outros documentos fora desse agrupamento. O que é interessante é o facto de a semelhança ser aqui definida numa relação estreita com o problema de agrupamento. Foi feita uma presunção de pertença a um agrupamento antes da medida.

Os dois objectos a medir devem estar no mesmo agrupamento, enquanto que os pontos a partir dos quais se efectua a medição devem estar fora do agrupamento.

A semelhança global entre di e dj é determinada pela média de todos os pontos de vista que não pertencem ao agrupamento Sr. É possível argumentar que, embora a maioria destes pontos de vista seja útil, alguns deles podem dar informações enganadoras, tal como pode acontecer com o ponto de origem. No entanto, dado um número suficientemente grande de pontos de vista e a sua variedade, é razoável assumir que a maioria deles será útil.

Vantagens

- O efeito dos pontos de vista enganadores é limitado e reduzido pela etapa de cálculo da média.

- Fornece similaridade intra-agrupamento e inter-agrupamento.

- São utilizadas duas funções de critério (IV e IR) para melhorar os agrupamentos.

Limitações

- O resultado da agregação depende da ordem de recolha dos conjuntos de itens

- O tamanho do cluster é fixo.

2.2 AGRUPAMENTO ESFÉRICO EFICIENTE DE K-MEANS EM LINHA

Shi Zhong [2] propôs um esquema eficiente para agrupar um determinado conjunto de documentos de forma esférica e em linha. Neste algoritmo, cada documento, bem como cada média de agrupamento, é representado como um vetor de comprimento unitário de alta dimensão. No entanto, tem sido utilizado principalmente em modo batch. Ou seja, cada vetor de média de cluster é atualizado, apenas após a atribuição de todos os vectores de documentos, como a média (normalizada) de todos os vectores de documentos atribuídos a esse cluster. Este artigo investiga uma versão online do algoritmo esférico k-means baseado na conhecida aprendizagem competitiva Winner-Take-All.

Neste algoritmo em linha, cada centróide de agrupamento é atualizado de forma incremental a partir de um documento. Demonstram que o algoritmo esférico k-means em linha pode obter resultados de agrupamento significativamente melhores do que a versão em lote, especialmente quando é utilizada uma programação da taxa de aprendizagem do tipo annealing. Também apresentam heurísticas para melhorar a velocidade, mas quase sem perda de qualidade de agrupamento.

Vantagens

- Eliminar os clusters vazios que ocorrem devido à estratégia de otimização da ganância.

- Eficiente e produz resultados mais rápidos.

Limitações

- É aplicável apenas a dados em linha e produz resultados mais rápidos.

- Ainda há espaço para aumentar a eficiência em termos de pureza e entropia.

2.3 SEMELHANÇA DE DOCUMENTOS BASEADA NA DISTÂNCIA DA ÁRVORE DE CONCEITOS

Praveen Lakkaraju et al. [3] propuseram um agrupamento de documentos baseado na estrutura em árvore. A árvore é construída com base na semelhança entre os conceitos da árvore. Uma técnica de descoberta comum consiste em identificar e apresentar automaticamente objectos semelhantes aos anteriormente vistos pelo utilizador. Para esta abordagem, é essencial um método exato de identificação de documentos semelhantes. Neste artigo, apresentamos uma nova abordagem para identificar documentos semelhantes com base numa medida de semelhança de árvore concetual. Representar cada documento como uma árvore concetual utilizando as associações de conceitos obtidas a partir de um classificador. De seguida, utiliza-se uma medida de semelhança de árvores baseada na distância de edição de árvores para calcular as semelhanças entre árvores conceptuais. As experiências com documentos da coleção Cite Seer mostraram que o seu algoritmo teve um desempenho significativamente melhor do que a semelhança de documentos baseada no modelo tradicional de espaço vetorial.

A primeira etapa desta abordagem consiste em classificar o conjunto de documentos de entrada. Para o efeito, pode ser utilizado qualquer classificador. O processo de classificação começa normalmente pela recolha de um conjunto de documentos de treino e pela escolha da taxonomia de categorias relevantes para o domínio a que pertencem os documentos de entrada. O conjunto de treino contém documentos aos quais foram pré-atribuídas uma ou mais categorias da taxonomia, quer manualmente quer por outro método. A classificação consiste em duas fases, a fase de formação e a fase de classificação. Na fase de formação, o classificador utiliza os documentos de formação para construir um modelo para cada categoria da taxonomia. Este modelo será utilizado para classificar os documentos de entrada na fase de classificação. O resultado da fase de classificação é uma lista das principais categorias para cada documento de entrada, juntamente com os seus pesos. Há uma série de classificadores disponíveis e a escolha do classificador depende de muitos factores diferentes. Alguns deles são o domínio dos documentos de entrada, a dimensão desses documentos, a quantidade de dados de formação disponíveis e a dimensão da taxonomia utilizada.

Vantagens:

• Ao propagar os pesos dos conceitos filhos para os seus pais, explora a estrutura hierárquica do espaço concetual.

• Foi utilizada uma taxonomia-mãe comum para reduzir as despesas gerais envolvidas na formação da estrutura

Limitações:

• Não pode ser aplicada a uma taxonomia maior.

• Não há um processo mais rápido de agrupamento.

2.4   INDEXAÇÃO EFICIENTE DE DOCUMENTOS COM BASE EM FRASES PARA AGRUPAMENTO DE DOCUMENTOS WEB

Mohamed S. Kamel et al. [4] propuseram um agrupamento eficiente de documentos Web, indexando o documento com base em frases. As técnicas de agrupamento de documentos baseiam-se principalmente na análise de um único termo do conjunto de dados do documento, como o Modelo de Espaço Vetorial. Para conseguir um agrupamento de documentos mais exato, as caraterísticas mais informativas, incluindo as frases e os seus pesos, são particularmente importantes nestes cenários. O agrupamento de documentos é particularmente útil em muitas aplicações, como a categorização automática de documentos, o agrupamento de resultados de motores de busca, a criação de taxonomias de documentos, entre outras. Este artigo apresenta duas partes fundamentais de um agrupamento de documentos bem sucedido. A primeira parte é um novo modelo de índice de documentos baseado em frases, o

Document Index Graph, que permite a construção incremental de um índice baseado em frases do conjunto de documentos com ênfase na eficiência, em vez de se basear apenas em índices de termo único. Proporciona uma correspondência de frases eficiente que é utilizada para avaliar a semelhança entre documentos.

A segunda parte é um algoritmo de agrupamento incremental de documentos baseado na maximização da rigidez dos agrupamentos, observando cuidadosamente a distribuição da semelhança entre pares de documentos dentro dos agrupamentos. A combinação destes dois componentes cria um modelo subjacente para o cálculo robusto e exato da semelhança entre documentos, que conduz a resultados muito melhores na agregação de documentos Web do que os métodos tradicionais.

Vantagens

*   Melhora o problema de agrupamento de documentos no domínio da Web.

*   Efectua a correspondência de frases e o cálculo da semelhança entre documentos de uma forma muito robusta, eficiente e precisa.

*   Cálculo exato da semelhança entre pares de documentos.

Limitações

*   Não será aplicado à semi-estrutura encontrada nos documentos Web.

*   Tamanho fixo do agrupamento.

2.5   IMPACTO DAS MEDIDAS DE SIMILARIDADE NO AGRUPAMENTO DE PÁGINAS WEB

A. Strehl et al. [5] propuseram um impacto de várias medidas de similaridade no agrupamento de páginas Web. As técnicas de agrupamento baseiam-se em medidas de similaridade para agrupar objectos "semelhantes". Qualquer técnica de agrupamento é a soma de dois factores: a medida de semelhança e o algoritmo utilizado para agrupar objectos com base na medida de semelhança. Apresenta um estudo comparativo de quatro medidas de semelhança e do seu impacto no desempenho do agrupamento. Avalia as medidas de semelhança em conjunto com cinco algoritmos de agrupamento

Os algoritmos de agrupamento e as medidas de semelhança são avaliados no domínio do agrupamento de páginas Web. Cada documento Web é modelado como um vetor que consiste numa contagem de frequência normalizada adequada de palavras/termos. Uma propriedade distintiva do domínio do problema de agrupamento de páginas Web é o facto de os dados terem uma dimensão muito elevada e serem esparsos em termos de número de palavras. As medidas de semelhança são consideradas com base neste vetor de palavras/termos. O algoritmo de base para comparação é aquele que atribui etiquetas aleatórias a cada documento. Os quatro algoritmos significativos considerados são o Self Organizing Feature Map (SOFM), uma técnica de rede neural que não utiliza qualquer métrica de distância de semelhança, o algoritmo k-means, com várias medidas de semelhança, o particionamento de gráficos ponderados com várias medidas de semelhança e o particionamento de hipergrafos. As medidas de semelhança consideradas são: Distância Euclidiana, medida de cosseno, correlação de Pearson e similaridade de Jaccard estendida. Os algoritmos e as combinações de medidas de semelhança são avaliados com dois conjuntos de dados alternativos: dados de páginas Web do sector e novas páginas Web. Os dados utilizados foram obtidos do Yahoo! e a natureza dos dados significa que já foram atribuídas etiquetas de classe aos dados, o que é útil para avaliar a exatidão. A métrica de desempenho para o agrupamento foi a informação mútua, que capta a relação entre a rotulagem e as categorizações sem qualquer inclinação favorável para agrupamentos mais pequenos.

Vantagens

•   A medida cosseno resolve o problema de que documentos de tamanhos diferentes podem produzir resultados diferentes, mesmo que sejam semanticamente semelhantes, uma vez que é invariante em termos de escala.

•   O Jaccard alargado incorpora propriedades de invariância de translação e de invariância de escala, proporcionando assim um bom meio-termo.

Limitações

•   Ineficácia dos métodos de partição SOFM e Hypergraph devido à sua independência das medidas de semelhança.

2.6 AGRUPAMENTO DE OBJECTOS EM SUBCONJUNTOS DE ATRIBUTOS

Jerome H. Friedman et al. [7] propuseram um novo procedimento de agrupamento de dados de valores de atributos. Quando utilizado em conjunto com algoritmos convencionais de agrupamento baseados na distância, este procedimento incentiva esses algoritmos a detectarem automaticamente subgrupos de objectos que se agrupam preferencialmente em subconjuntos das variáveis de atributos em vez de em todos eles simultaneamente. Os subconjuntos de atributos relevantes para cada agrupamento individual podem ser diferentes e sobrepor-se parcial (ou totalmente) aos de outros agrupamentos. São discutidas melhorias para aumentar a sensibilidade na deteção de grupos de cardinalidade especialmente baixa que se agrupam num pequeno subconjunto de variáveis.

O COSA pode ser visto como uma melhoria dos métodos de agrupamento baseados na distância, permitindo-lhes descobrir grupos de objectos que têm valores preferencialmente próximos em diferentes subconjuntos de atributos, possivelmente sobrepostos. Não parece haver outros métodos baseados na distância diretamente orientados para este objetivo. Existem, no entanto, métodos de modelação não baseados na distância que foram propostos para este fim. O que mais se aproxima deste objetivo é a modelização da mistura de densidade de produtos. A distribuição conjunta dos valores dos atributos é modelada por uma mistura de densidades de componentes parametrizados.

Cada componente da mistura é considerado como um produto de densidades de probabilidade individuais em cada um dos atributos. As distribuições de probabilidade anteriores são colocadas em todos os valores dos parâmetros do modelo e é utilizada uma estratégia de pesquisa heurística para tentar maximizar a probabilidade posterior nos dados. Cada um dos componentes da solução resultante é considerado um cluster suave.

Vantagens

•	Diferentes estratégias de pesquisa têm o potencial de alcançar soluções bastante diferentes que representam diferentes estruturas de agrupamento.

•	É utilizada uma estratégia de pesquisa heurística para tentar maximizar a probabilidade posterior dos dados.

Limitações

•	Para grandes conjuntos de dados, como os derivados de microarrays de expressão genética, o número muito elevado de parâmetros de modelos associados causa graves dificuldades computacionais e de estimativa estatística.

CAPÍTULO 3 ANÁLISE DO SISTEMA

3.1 SISTEMA ACTUAL

O agrupamento é, em última análise, um processo de redução de uma montanha de dados a pilhas manejáveis. Para simplificação cognitiva e computacional, estas pilhas podem ser constituídas por itens "semelhantes". Existem duas abordagens para o agrupamento de documentos, particularmente na recuperação de informação; são conhecidas como agrupamento de termos e de itens. O agrupamento de termos é um método que agrupa termos redundantes, o que reduz o ruído e aumenta a frequência de atribuição. Se houver menos agrupamentos do que o número de termos originais, a dimensão também é reduzida. No entanto, as propriedades semânticas são afectadas. Existem muitos algoritmos diferentes disponíveis para o agrupamento de termos.

Trata-se de cliques, ligação simples, estrelas e componentes ligados. Os cliques exigem que todos os itens de um agrupamento estejam dentro do limiar de todos os outros itens. No agrupamento de ligação simples, a forte restrição de que todos os termos de uma classe são semelhantes a todos os outros termos é flexibilizada. A regra para gerar clusters de ligação simples é que qualquer termo que seja semelhante a qualquer outro termo no cluster pode ser adicionado ao cluster. A técnica da estrela seleciona um termo e, em seguida, coloca na classe todos os termos que estão relacionados com esse termo (ou seja, na realidade, uma estrela com o termo selecionado como núcleo). Os termos que ainda não estão nas classes são selecionados como novas sementes até que todos os termos sejam atribuídos a uma classe. Existem muitas classes diferentes que podem ser criadas utilizando a técnica da estrela. O agrupamento de itens, por outro lado, ajuda o utilizador a identificar itens relevantes e é utilizado de duas formas. A primeira é encontrar diretamente itens adicionais que podem não ter sido encontrados pela consulta e servir de base para a visualização do ficheiro Hit. Cada grupo de itens tem uma base semântica comum que contém termos semelhantes e, por conseguinte, conceitos semelhantes. Em segundo lugar, para ajudar o utilizador a compreender os principais tópicos resultantes de uma pesquisa, os itens recuperados devem ser agrupados e utilizados para criar uma representação visual (por exemplo, gráfica) dos agrupamentos e dos seus tópicos. Isto permite que um utilizador navegue entre tópicos, mostrando potencialmente tópicos que o utilizador não tinha considerado. Os tópicos não são definidos pela consulta, mas pelo texto dos itens recuperados.

Quando os itens da base de dados tiverem sido agrupados, é possível recuperar todos os itens de um agrupamento, mesmo que a instrução de pesquisa não os tenha identificado. Quando o utilizador recupera um item fortemente relevante, pode ver outros itens semelhantes sem fazer outra pesquisa. Quando os itens relevantes são utilizados para criar uma nova consulta (ou seja, feedback de relevância), os resultados obtidos são semelhantes aos que podem ser produzidos por um algoritmo de agrupamento. No entanto, o agrupamento de termos e o agrupamento de itens atingem, de certa forma, o mesmo objetivo, apesar de serem o inverso um do outro. O objetivo de ambos é determinar itens adicionais relevantes através de um processo de coocorrência. Para todos os termos dentro do mesmo agrupamento, haverá uma sobreposição significativa do conjunto de itens em que se encontram. O agrupamento de itens baseia-se no facto de os mesmos termos serem encontrados nos outros itens do agrupamento. Assim, o conjunto de itens que causou um agrupamento de termos tem uma forte possibilidade de estar no mesmo agrupamento de itens com base nos termos.

Neste sistema, a relação de agrupamento entre os objectos de dados é representada por semelhanças entre eles, explícita ou implicitamente. O sistema centra-se nas semelhanças entre os objectos dos documentos e não nas dissemelhanças. Utiliza um ponto de origem de visão única e, por conseguinte, não proporciona maior eficiência. Este trabalho fornece-nos clusters com base no ponto centróide fixo e também fixa o número de clusters. Escolhe avidamente o próximo conjunto de itens frequentes que representa o próximo e alguns dos restantes conjuntos de itens. Por outras palavras, o resultado do agrupamento depende da ordem de seleção dos conjuntos de itens, que, por sua vez, depende da heurística gulosa. Este método não segue uma ordem sequencial de seleção de clusters.

3.2 DEFINIÇÃO DO PROBLEMA

A semelhança global entre d_i e d_j é determinada pela média de todos os pontos de vista que não pertencem ao agrupamento e também é possível argumentar que, embora a maioria destes pontos de vista seja útil, alguns deles podem dar informações enganadoras, tal como pode acontecer com o ponto de origem. No entanto, dado um número suficientemente grande de pontos de vista e a sua variedade, é razoável assumir que a maioria deles será útil. Assim, o efeito dos pontos de vista enganadores é limitado e reduzido pela etapa de cálculo da média. Pode ver-se que este método oferece uma avaliação mais informativa da semelhança do que a medida de semelhança baseada num único ponto de origem.

3.2.1 Desafios no agrupamento hierárquico

(a) Elevada dimensionalidade

Cada palavra distinta no conjunto de documentos constitui uma dimensão. Assim, podem existir 15~20 mil dimensões. Este tipo de dimensionalidade elevada afecta grandemente a escalabilidade e a eficiência de muitos algoritmos de agrupamento existentes. Esta questão é descrita com clareza nos parágrafos seguintes.

(b) Elevado volume de dados

Na extração de texto, o processamento de dados envolve cerca de 10 mil a 100 mil documentos.

(c) Precisão consistentemente elevada

Alguns algoritmos existentes só funcionam bem para certos tipos de conjuntos de documentos, mas podem não funcionar bem noutros.

(d) Descrição significativa do cluster

Isto é importante para o utilizador final. A hierarquia resultante deve facilitar a navegação. Se os dados consistirem em semelhanças, considere a semelhança entre um cluster e outro cluster como sendo igual à maior semelhança entre qualquer membro de um cluster e qualquer membro do outro cluster. No agrupamento de ligação completa (também designado por método do diâmetro ou método máximo), a distância entre um cluster e outro cluster é igual à maior distância entre qualquer membro de um cluster e qualquer membro do outro cluster.

No agrupamento de ligação média, considera-se que a distância entre um agrupamento e outro é igual à distância média. Este tipo de agrupamento hierárquico é designado por aglomerativo porque funde os agrupamentos iterativamente. Existe também o agrupamento hierárquico que faz o inverso, começando com todos os objectos de um agrupamento e subdividindo-os em partes mais pequenas. Os métodos de divisão não estão geralmente disponíveis e raramente foram aplicados. É claro que não faz sentido ter todos os N itens agrupados num único agrupamento mas, uma vez obtida a árvore hierárquica completa e necessitando de k agrupamentos, são eliminadas k-1 ligações mais longas.

3.3 SISTEMA PROPOSTO

Um algoritmo de agrupamento hierárquico cria uma decomposição hierárquica de um determinado conjunto de objectos de dados. Dependendo da abordagem de decomposição, os algoritmos hierárquicos são classificados como aglomerativos (fusão) ou divisivos (divisão). A abordagem aglomerativa começa com cada ponto de dados num cluster separado ou com um determinado número elevado de clusters. Cada passo desta abordagem funde os dois clusters que são mais semelhantes. Assim, após cada passo, o número total de clusters diminui. Este processo repete-se até se obter o número desejado de clusters ou até restar apenas um cluster. Em contrapartida, a abordagem divisiva começa com todos os objectos de dados no mesmo agrupamento. Em cada passo, um cluster é dividido em clusters mais pequenos, até se verificar uma condição de terminação. Os algoritmos aglomerativos são mais utilizados na prática. Assim, as semelhanças entre clusters são mais investigadas.

O MVSC-IR e o MVSC-IV são os dois algoritmos de agrupamento baseados no MVS e em duas funções de critério, IR e IV, respetivamente. O objetivo deste trabalho é aplicar uma medida de semelhança baseada em múltiplos pontos de vista na agregação hierárquica. Um algoritmo de agrupamento hierárquico cria uma decomposição hierárquica de um determinado conjunto de objectos de dados. Dependendo da abordagem de decomposição, os algoritmos hierárquicos são classificados como aglomerativos (fusão) ou divisivos (divisão). Os algoritmos aglomerativos são mais utilizados na prática. Assim, as semelhanças entre clusters são mais investigadas.

Uma propriedade importante da semelhança de cosseno é a sua independência do comprimento do documento. Para um documento de texto, o coeficiente de Jaccard compara o peso da soma dos termos partilhados com o peso da soma dos termos que estão presentes em qualquer um dos dois documentos, mas que não são os termos partilhados. O coeficiente de Jaccard é uma medida de semelhança que varia entre 0 e 1. O coeficiente de correlação de Pearson é uma medida de semelhança que varia entre +1 e -1 e é 1 quando os documentos são iguais. Para dados de elevada dimensão, como documentos de texto (representados como vectores TF-IDF) e cabazes de mercado, a semelhança de cosseno demonstrou ser uma medida superior à distância euclidiana.

Uma vez definida a medida de semelhança, são formuladas funções de critério de agrupamento. A primeira função, designada por IR, é a soma ponderada do tamanho do agrupamento das semelhanças médias entre pares de documentos no mesmo agrupamento. Em primeiro lugar, esta soma é expressa numa forma geral pela função

$$F = \sum_{r=1}^{k} n_r \left[\frac{1}{n_{r2}} \sum_{d_i, d_j \in S_r} Sim(d_i, d_j) \right] \qquad \text{-----> (3.1)}$$

A forma final da função de critério IR

$$I_R = \sum_{r=1}^{k} \frac{1}{n_r} \left[\frac{n+n_r}{n-n_r} \|D_r\|2 - \left(\frac{n+n_r}{n-n_r} - 1 \right) D_r^t D \right] \qquad \text{-----> (3.2)}$$

Mais uma vez, elimina-se n porque é uma constante. A maximização de G é equivalente à maximização de IV abaixo

$$I_V = \sum_{r=1}^{k} \frac{n+\|D_r\|}{n-n_r} \|D_r\| - \left(\frac{n+\|D_r\|}{n-n_r} - 1 \right) \frac{D_r^t D}{\|D_r\|} \qquad \text{-----> (3.3)}$$

O trabalho principal consiste em desenvolver um novo algoritmo hierárquico para a agregação de documentos que proporcione a máxima eficiência e desempenho e se centre na utilização do fenómeno de sobreposição de agregados para conceber critérios de fusão de agregados. A proposta de uma nova forma de calcular a taxa de sobreposição, a fim de melhorar a eficiência temporal e a veracidade, está principalmente concentrada. Com base no Método de Agrupamento Hierárquico, é narrada a utilização do algoritmo Expectation-Maximization (EM) no Modelo de Mistura Gaussiana para contar os parâmetros e combinar os dois subagrupamentos quando a sua sobreposição é a maior. Além disso, em vez de um ponto de origem único, é aplicado um ponto de origem com várias vistas para descobrir as semelhanças/dissemelhanças entre os documentos.

CAPÍTULO 4 REQUISITOS DO SISTEMA

4.1 REQUISITOS DE HARDWARE

PROCESSADOR   Processador Intel Core Duo

DISCO RÍGIDO   :   200 GB

RAM   :   2GB

TECLADO   :   LG

MOUSE   LOGI TECH

4.2 REQUISITOS DE SOFTWARE

SISTEMA OPERACIONAL :   WindowsXP

LINGUAGEM   :   Java

FERRAMENTA   :   CLUTO

OFFICE   :MicrosoftOffice   2007

4.3 DESCRIÇÃO DO SOFTWARE

4.3.1 CLUTO

O CLUTO é um pacote de software para o agrupamento de conjuntos de dados de baixa e alta dimensão e para a análise das caraterísticas dos vários agrupamentos. O CLUTO é adequado para agrupar conjuntos de dados que surgem em muitas áreas de aplicação diversas, incluindo a recuperação de informação, transacções de compra de clientes, web, GIS, ciência e biologia. A distribuição do CLUTO consiste em programas autónomos e numa biblioteca através da qual um programa de aplicação pode aceder diretamente aos vários algoritmos de agrupamento e análise implementados no CLUTO.

(a) Caraterísticas

i.   Múltiplas classes de algoritmos de agrupamento:

a. particionais, aglomerativas e baseadas em partição de gráficos.

ii.   Múltiplas funções de semelhança/distância:

a. Distância euclidiana, cosseno, coeficiente de correlação, Jaccard alargado, definido pelo utilizador.

iii.   Numerosas funções de critérios de agrupamento e esquemas de fusão aglomerativa novos.

iv.   Esquemas tradicionais de fusão aglomerativa:

a. ligação simples, ligação completa, UPGMA

v.   Extensas capacidades de visualização de clusters e opções de saída:

a. postscript, SVG, gif, xfig, etc.

vi.   Vários métodos para resumir eficazmente os clusters:

a. dimensões mais descritivas e discriminantes, cliques e conjuntos de itens frequentes.

vii. Pode ser dimensionado para conjuntos de dados muito grandes com centenas de milhares de objectos e dezenas de milhares de dimensões.

4.3.2 Java

(a) Programação orientada para objectos

A programação orientada para objectos está no centro de Java. De facto, todos os programas Java são orientados para objectos - isto não é uma opção como o é em C++, por exemplo. A OOP é tão essencial para Java.

(b) Dois paradigmas

Todos os programas de computador são compostos por dois elementos: código e dados. Além disso, um programa pode ser concetualmente organizado em torno do seu código ou em torno dos seus dados. Ou seja, alguns programas são escritos em torno do "que está a acontecer" e outros são escritos em torno de "quem está a ser afetado". Estes são os dois paradigmas que regem a forma como um programa é construído. A primeira forma é chamada de modelo orientado a processos. Esta abordagem caracteriza um programa como uma série de passos lineares (isto é, código). O modelo orientado para o processo pode ser considerado como código actuando sobre dados. As linguagens processuais, como o C, utilizam este modelo com um sucesso considerável.

Para gerir a complexidade crescente, foi concebida a segunda abordagem, designada por programação orientada para objectos. A programação orientada para objectos organiza um programa em torno dos seus dados (ou seja, objectos) e de um conjunto de interfaces bem definidas para esses dados. Um programa orientado para objectos pode ser caracterizado como dados que controlam o acesso ao código.

(c) Abstração

Um elemento essencial da programação orientada para objectos é a abstração. Os seres humanos gerem a complexidade através da abstração. Por exemplo, as pessoas não pensam num carro como um conjunto de dezenas de milhares de peças individuais. Pensam nele como um objeto bem definido com o seu próprio comportamento único. Esta abstração permite que as pessoas utilizem um carro para ir à mercearia sem se sentirem sobrecarregadas pela complexidade das peças que formam o carro. Podem ignorar os pormenores do funcionamento do motor, da transmissão e dos sistemas de travagem. Em vez disso, podem utilizar o objeto como um todo.

Uma forma poderosa de gerir a abstração é através da utilização de classificações hierárquicas. Visto de fora, o carro é um objeto único. O carro é composto por vários subsistemas: direção, travões, sistema de som, cintos de segurança, aquecimento, telemóvel, etc. Por sua vez, cada um destes subsistemas é composto por unidades mais especializadas. Por exemplo, o sistema de som é composto por um rádio, um leitor de CD e/ou um leitor de cassetes. A questão é que a gestão da complexidade do automóvel (ou de qualquer outro sistema complexo) passa pela utilização de abstracções hierárquicas.

As abstracções hierárquicas de sistemas complexos também podem ser aplicadas a programas de computador. Os dados de um programa tradicional orientado para o processo podem ser transformados por abstração nos objectos que o compõem. Uma sequência de passos do processo pode tornar-se uma coleção de mensagens entre estes objectos. Assim, cada um destes objectos descreve o seu próprio comportamento único. Esta é a essência da programação orientada para objectos. Os conceitos de orientação a objectos constituem o coração de Java, tal como constituem a base da compreensão humana

(d) Os três princípios OOP

Os três princípios da POO são o encapsulamento, a herança e o polimorfismo.

Vejamos agora estes conceitos.

i. Encapsulamento

O encapsulamento é o mecanismo que une o código e os dados que este manipula, mantendo-os a salvo de interferências externas e de utilização incorrecta. Uma forma de pensar no encapsulamento é como um invólucro protetor que impede que o código e os dados sejam acedidos arbitrariamente por outro código definido fora do invólucro. O acesso ao código e aos dados dentro do invólucro é rigorosamente controlado através de uma interface bem definida.

Em Java, a base do encapsulamento é a classe. Uma classe define a estrutura e o comportamento (dados e código) que serão partilhados por um conjunto de objectos. Cada objeto de uma determinada classe contém a estrutura e o comportamento definidos pela classe, como se tivesse sido estampado por um molde com a forma da classe. Por este motivo, os objectos são por vezes designados por instâncias de uma classe. Assim, uma classe é uma construção lógica; um objeto tem realidade física.

ii. Herança

A herança é o processo pelo qual um objeto adquire as propriedades de outro objeto. Isto é importante porque suporta o conceito de classificação hierárquica. Por exemplo, um Golden Retriever faz parte da classificação cão, que por sua vez faz parte da classe mamífero, que está sob a classe maior animal. Sem a utilização de hierarquias, cada objeto teria de definir explicitamente todas as suas caraterísticas. No entanto, com a utilização da herança, um objeto só precisa de definir as qualidades que o tornam único dentro da sua classe. Pode herdar os seus atributos gerais do seu progenitor. Assim, é o mecanismo de herança que torna possível que um objeto seja uma instância específica de um caso mais geral.

iii. Polimorfismo

O polimorfismo (do grego, que significa "muitas formas") é uma caraterística que permite que uma interface seja utilizada para uma classe geral de acções. A ação específica é determinada pela natureza exacta da situação. Considere uma pilha (que é uma lista de último a entrar, primeiro a sair). Por exemplo, uma pilha é utilizada para valores inteiros, outra para valores de vírgula flutuante e outra para caracteres. O algoritmo que implementa cada pilha é o mesmo, embora os dados que estão a ser armazenados sejam diferentes. Numa linguagem não orientada a objectos, cria três conjuntos diferentes de rotinas de pilha, com cada conjunto a utilizar nomes diferentes.

CAPÍTULO 5 CONCEPÇÃO DO SISTEMA

5.1 ARQUITECTURA DO AGRUPAMENTO HIERÁRQUICO

Dado um conjunto de N itens a agrupar e uma matriz de distância (ou similaridade) N*N, o processo básico de agrupamento hierárquico é o seguinte:

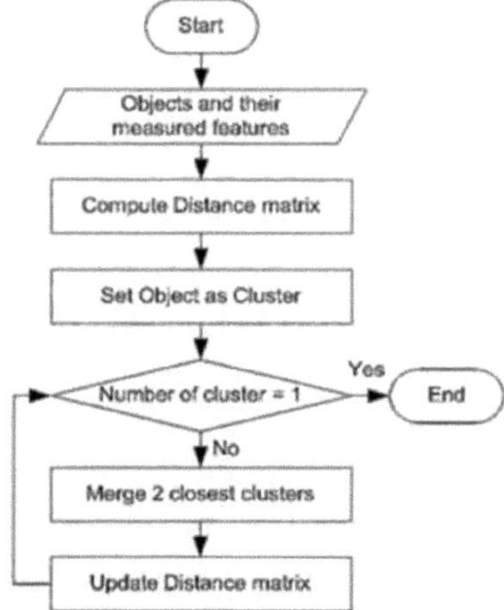

Fig 5.1 : Estrutura do agrupamento hierárquico

PASSO 1:

Comece por atribuir cada item a um agrupamento, de modo a que, se tiver N itens, tenha agora N agrupamentos, cada um contendo apenas um item. Deixe que as distâncias (semelhanças) entre os clusters sejam as mesmas que as distâncias (semelhanças) entre os itens que contêm.

PASSO 2:

Encontre o par de clusters mais próximo (mais semelhante) e junte-os num único cluster, de modo a que agora tenha menos um cluster com a ajuda da TF-ITF.

PASSO 3:

Calcular as distâncias (semelhanças) entre o novo cluster e cada um dos clusters antigos.

PASSO 4:

Repita os passos 2 e 3 até todos os itens estarem agrupados num único agrupamento de tamanho N.

O passo 3 pode ser efectuado de diferentes formas, que é o que distingue o agrupamento de ligação simples do agrupamento de ligação completa e do agrupamento de ligação média. No agrupamento de ligação simples (também designado por método de ligação ou método mínimo), considera-se que a distância entre um agrupamento e outro é igual à distância mais curta entre qualquer membro de um agrupamento e qualquer membro do outro agrupamento.

5.2 DIAGRAMA DE FLUXO DE DADOS

Um diagrama de fluxo de dados (DFD) é uma representação gráfica do "fluxo" de dados através de um sistema de informação, modelando os seus aspectos processuais. Muitas vezes, são um passo preliminar utilizado para criar uma visão geral do sistema que pode ser posteriormente elaborada. Os DFDs também podem ser utilizados para a visualização do processamento de dados (desenho estruturado).

Um DFD mostra os tipos de informação que serão introduzidos e emitidos pelo sistema, de onde os dados virão e para onde irão, e onde os dados serão armazenados. Ele não mostra informações sobre o tempo dos processos, ou informações sobre se os processos irão operar em sequência ou em paralelo

5.2.1 Diagrama de contexto

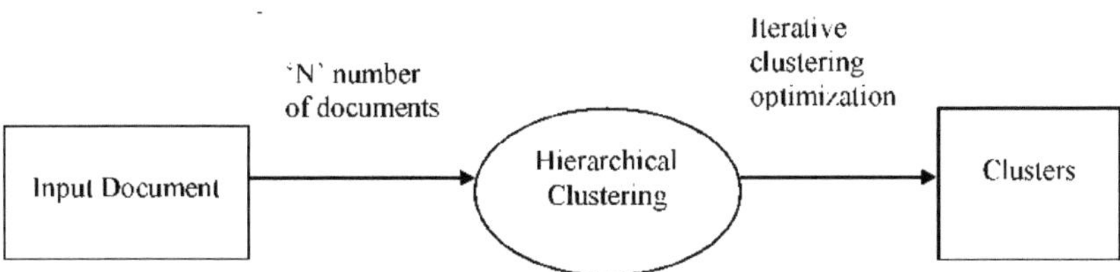

Fig 5.2 : Diagrama de contexto do NÍVEL 0

A Fig. 5.2 mostra o diagrama de contexto. Aqui, a entrada é o conjunto de documentos. A saída são os clusters a vários níveis. Ou seja, o número "n" de documentos é agrupado em clusters que consistem em documentos semelhantes em cada cluster. Para otimização, actualiza iterativamente os agrupamentos com base em medidas de semelhança entre vários documentos.

5.2.2 Diagrama de fluxo de dados

O diagrama de fluxo de dados de nível 1 descreve o fluxo de informação de um nível para o nível seguinte. Aqui, a entrada é o conjunto de documentos. A saída são os agrupamentos em vários níveis. Ou seja, o número "n" de documentos é agrupado num cluster que consiste em documentos semelhantes em cada cluster. Antes disso, o conjunto de documentos foi pré-processado, removendo todas as palavras de paragem e o stemming. Em seguida, o documento é representado num vetor e agrupado com base nas medidas de semelhança. Em cada iteração, obtém-se um determinado nível de clusters e, para efeitos de otimização, actualiza-se iterativamente os clusters com base nas medidas de semelhança entre vários documentos.

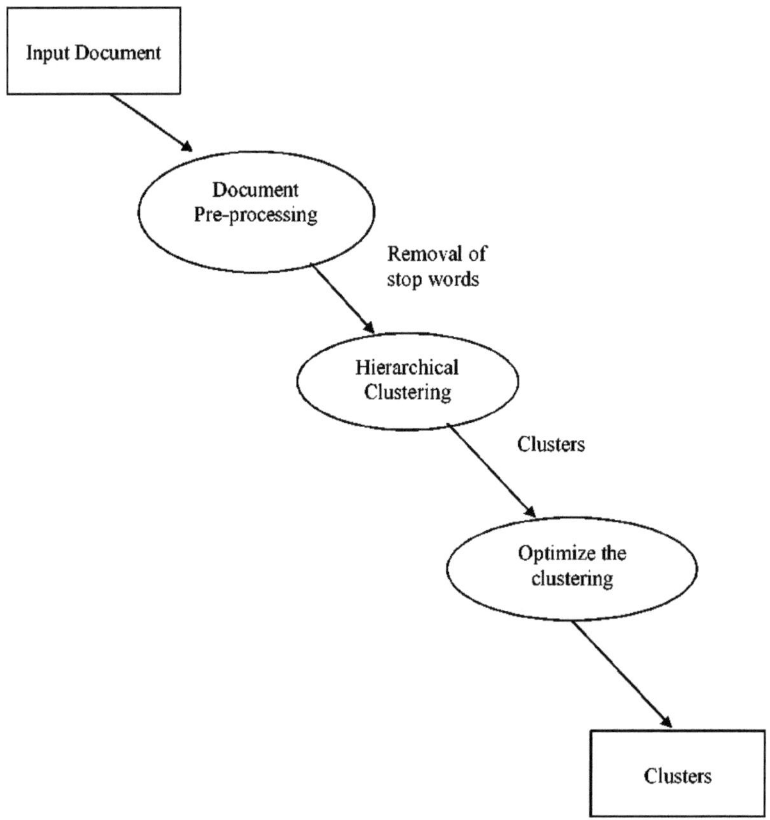

Fig 5.3 : Diagrama de fluxo de dados - Nível 1

5.   3DESCRIÇÃO DO MÓDULO

5.3.   1Frequência de termos - Frequência inversa de documentos

O TF-IDF é uma técnica baseada em estatísticas de texto que tem sido amplamente utilizada em muitos motores de busca e sistemas de recuperação de informação. Suponhamos que existe um corpus de 1000 documentos e que a tarefa é calcular a semelhança entre dois documentos dados (ou um documento e uma consulta). De seguida, descrevem-se os passos para obter o valor de similaridade:

(a)   Pré-processamento de documentos

•   Tokenização: Um documento é tratado como uma cadeia (ou saco de palavras) e depois dividido numa lista de tokens.

•   Remover palavras de paragem: As palavras de paragem são palavras insignificantes que ocorrem frequentemente. Este passo elimina as palavras de paragem.

26

- Stemming word: Esta etapa é o processo de fusão dos tokens na sua forma de raiz (connection -> connect).

(b)   Representação de documentos

- Gerar N palavras distintas a partir dos corpora e designá-las por termos de índice (ou vocabulário). A coleção de documentos é então representada como um vetor de dimensão N no espaço de termos.

(c)   Cálculo dos pesos dos termos

- Termo Frequência.

- Frequência inversa de documentos.

- Calcular a ponderação TF-IDF.

5.2.1 Medição da semelhança entre dois documentos

Capturar a semelhança de dois documentos utilizando a medição da semelhança do cosseno. A semelhança de cosseno é calculada medindo o cosseno do ângulo entre dois vectores de documentos. Tomemos como exemplo os três documentos seguintes, compostos por um certo número de palavras,

Documento 1	Documento 2	Documento 3
Palavra	Palavra	Palavra
Avião	Livro	Edifício
Azul	Automóvel	Automóvel
Cadeira	Cadeira	Alcatifa
Computador	justiça	Teto
Floresta	Milton	cadeira
Justiça	Newton	limpeza
Amor	Lagoa	justiça
Poder	Rosa	bibliotecas
Perl	Shakespeare	Newton
Rosa	escravatura	Perl
Sapato	Tese	Rosa
Tese	Camião	Ciência

Quadro 5.1 : Documentos com determinadas palavras

Uma pesquisa por "rose" no corpus dará origem a três resultados, mas por qual deles se deve começar a ler? O documento mais recente? O documento de um determinado autor ou num determinado formato? Mesmo que o corpus contivesse 2.000.000 de documentos e uma pesquisa por "rose" devolvesse apenas 100, o problema manter-se-ia. A que documentos devemos gastar o nosso precioso tempo a aceder? Sim, podemos limitar a nossa pesquisa de várias formas, mas, a não ser que estejamos a fazer uma pesquisa de um item conhecido, é muito provável que os resultados da pesquisa apresentem mais do que o necessário, e as competências de literacia da informação não vão muito longe. Os resultados de pesquisa ordenados, uma lista de resultados baseada na ponderação de termos, provaram ser uma forma eficaz de resolver este problema.

Tudo o que requer é a aplicação de aritmética básica aos documentos que estão a ser pesquisados. Pode começar por contar o número de vezes que cada uma das palavras aparece em cada um dos documentos,

Documento 1		Documento 2		Documento 3	
Palavra	**C**	**Palavra**	**C**	**Palavra**	**C**
avião	5	Livro	3	Edifício	6
Azul	1	Automóvel	7	Automóvel	1
Cadeira	7	Cadeira	4	Alcatifa	3
computador	3	Justiça	2	Teto	4
Floresta	2	Milton	6	Cadeira	6
justiça	7	Newton	3	Limpeza	4
Amor	2	Lagoa	2	Justiça	8
Poder	2	Rosa	5	Bibliotecas	2
Perl	5	Shakespeare	4	Newton	2
Rosa	6	Escravatura	2	Perl	5
Sapato	4	Tese	2	Rosa	7
Tese	2	Camião	1	Ciência	1
Totais (T)	**46**	**Totais (T)**	**41**	**Totais (T)**	**49**

Tabela 5.2 : Contagem de palavras

Dado este método simples de contagem, as pesquisas por "rose" podem ser ordenadas pela sua "frequência de termos" (TF) - o quociente entre o número de vezes que uma palavra aparece em cada documento (C) e o número total de palavras no documento (T) - TF = C / T. No primeiro caso, rose tem um valor TF de 0,13. No segundo caso, o TF é 0,12 e no terceiro caso é 0,14. Assim, por esta análise rudimentar, o Documento 3 é o mais significativo em termos da palavra "rose", e o Documento 2 é o menos significativo. O documento 3 tem a maior percentagem de conteúdo com a palavra "rose".

Ao ter em conta estes dois factores - frequência de termos (TF) e frequência inversa de documentos (IDF) - é possível atribuir "pesos" aos resultados da pesquisa e, por conseguinte, ordená-los estatisticamente. De seguida, é feita a contagem das palavras comuns que estão disponíveis em diferentes documentos e é medida a semelhança.

Contabilização de palavras comuns

Documento 1			Documento 2			Documento 3		
Palavra	**DF**	**IDF**	**Palavra**	**DF**	**FDI**	**Palavra**	**DF**	**FDI**
avião	1	3.0	Livro	1	3.0	edifício	1	3.0
Azul	1	3.0	Automóvel	2	1.5	Automóvel	2	1.5
Cadeira	3	1.0	Cadeira	3	1.0	tapete	1	3.0
computador	1	3.0	Justiça	3	1.0	teto	1	3.0
Floresta	1	3.0	Milton	1	3.0	cadeira	3	1.0
Justiça	3	1.0	Newton	2	1.5	limpeza	1	3.0
Amor	1	3.0	Lagoa	1	3.0	justiça	3	1.0
Poder	1	3.0	Rosa	3	1.0	bibliotecas	1	3.0
Perl	2	1.5	Shakespeare	1	3.0	Newton	2	1.5
Rosa	3	1.0	escravatura	1	3.0	Perl	2	1.5
Sapato	1	3.0	tese	2	1.5	Rosa	3	1.0
Tese	2	1.5	Camião	1	3.0	ciência	1	3.0

Quadro 5.3 : DF e IDF

Infelizmente, esta análise simples precisa de ser compensada considerando os termos que ocorrem frequentemente em todo o corpus. Bons exemplos são as palavras de paragem ou a palavra "human" na MEDLINE. Estas palavras são quase insignificantes porque aparecem com muita frequência. Considere a tabela que inclui o número de vezes que cada palavra é encontrada em todo o corpus (DF), e o quociente entre o número total de documentos (D ou, neste caso, 3) e DF - IDF = D / DF. As palavras com pontuações mais elevadas são mais significativas em todo o corpus. Os termos de pesquisa cuja pontuação IDF ("frequência inversa de documentos") se aproxima de 1 são quase inúteis porque existem em quase todos os documentos:

5.2.2 Análise TFIDF

Ao ter em conta estes dois factores - frequência de termos (TF) e frequência inversa de documentos (IDF) - é possível atribuir "pesos" aos resultados da pesquisa e, por conseguinte, ordená-los estatisticamente. Por outras palavras, a pontuação ("classificação") de um resultado de pesquisa é o produto da TF e da IDF:

$$\text{TFIDF} = \text{TF} * \text{IDF} \qquad \text{-----> (5.1)}$$

Onde,

- TF = C / T. Onde, C = número de vezes que uma determinada palavra aparece num documento e T = número total de palavras num documento.

- IDF = D / DF. Em que, D = número total de documentos num corpus e DF = número total de documentos que contêm uma determinada palavra.

O quadro seguinte é uma combinação de todos os quadros anteriores:

Documento 1

Palavra	C	T	TF	D	DF	IDF	TFIDF
avião	5	46	0.109	3	1	3.0	0.326
Azul	1	46	0.022	3	1	3.0	0.065
cadeira	7	46	0.152	3	3	1.0	0.152
computador	3	46	0.065	3	1	3.0	0.196
floresta	2	46	0.043	3	1	3.0	0.130
justiça	7	46	0.152	3	3	1.0	0.152
Amor	2	46	0.043	3	1	3.0	0.130
pode	2	46	0.043	3	1	3.0	0.130
Perl	5	46	0.109	3	2	1.5	0.163
Rosa	6	46	0.130	3	3	1.0	0.130
Sapato	4	46	0.087	3	1	3.0	0.261

Quadro 5.4: Cálculos do documento 1

Documento 2

Palavra	C	T	TF	D	DF	IDF	TFIDF
Livro	3	41	0.073	3	1	3.0	0.220
Automóvel	7	41	0.171	3	2	1.5	0.256
Cadeira	4	41	0.098	3	3	1.0	0.098
Justiça	2	41	0.049	3	3	1.0	0.049
Milton	6	41	0.146	3	1	3.0	0.439
Newton	3	41	0.073	3	2	1.5	0.110
Lagoa	2	41	0.049	3	1	3.0	0.146
Rosa	5	41	0.122	3	3	1.0	0.122
Shakespeare	4	41	0.098	3	1	3.0	0.293
Escravatura	2	41	0.049	3	1	3.0	0.146
Tese	2	41	0.049	3	2	1.5	0.073
Camião	1	41	0.024	3	1	3.0	0.073

Quadro 5.5: Cálculos do documento 2

Documento 3							
Palavra	C	T	TF	D	DF	IDF	TFIDF
Edifício	6	49	0.122	3	1	3.0	0.367
Automóvel	1	49	0.020	3	2	1.5	0.031
Alcatifa	3	49	0.061	3	1	3.0	0.184
Teto	4	49	0.082	3	1	3.0	0.245
Cadeira	6	49	0.122	3	3	1.0	0.122
Limpeza	4	49	0.082	3	1	3.0	0.245
Justiça	8	49	0.163	3	3	1.0	0.163
Bibliotecas	2	49	0.041	3	1	3.0	0.122
Newton	2	49	0.041	3	2	1.5	0.061
Perl	5	49	0.102	3	2	1.5	0.153
Rosa	7	49	0.143	3	3	1.0	0.143
Ciência	1	49	0.020	3	1	3.0	0.061

Quadro 5.6: Cálculos do documento 3

Dada a TFIDF, uma pesquisa por "rose" ainda retorna três documentos ordenados pelos Documentos 3, 1 e 2. Uma pesquisa por "Newton" devolve apenas dois itens ordenados pelos documentos 2 (0,110) e 3 (0,061). Neste último caso, o documento 2 é quase uma vez e meia mais "relevante" do que o documento 3. As pontuações TFIDF podem ser somadas para ter em conta uniões booleanas (ou) ou intersecções (e).

Classificação automática

A TD-IDF também pode ser aplicada a priori à indexação/pesquisa para criar listas navegáveis e, consequentemente, uma classificação automática. Considere-se a tabela em que cada palavra é listada numa ordem TFIDF ordenada:

Documento 1		Documento 2		Documento 3	
Palavra	TFIDF	Palavra	TFIDF	Palavra	TFIDF
avião	0.326	Milton	0.439	edifício	0.367
Sapato	0.261	shakespeare	0.293	teto	0.245
computador	0.196	Automóvel	0.256	limpeza	0.245
Perl	0.163	Livro	0.220	tapete	0.184
cadeira	0.152	Lagoa	0.146	justiça	0.163
justiça	0.152	escravatura	0.146	Perl	0.153
floresta	0.130	Rosa	0.122	Rosa	0.143
Amor	0.130	newton	0.110	Cadeira	0.122

pode	0.130	Cadeira	0.098	bibliotecas	0.122
Rosa	0.130	tese	0.073	newton	0.061
Azul	0.065	Camião	0.073	ciência	0.061
tese	0.065	justiça	0.049	Automóvel	0.031

Tabela 5.7 : Classificação total

Dada essa lista, seria possível pegar nos três primeiros termos de cada documento e chamar-lhes as "etiquetas" de assunto mais significativas. Assim, o Documento #1 é sobre aviões, sapatos e computadores. O documento #2 é sobre Milton, Shakespeare e carros. O documento #3 é sobre edifícios, tectos e limpeza.

Provavelmente uma melhor maneira de atribuir "aboutness" a cada documento é primeiro denotar os limites inferiores do TF-IDF e depois atribuir termos com mais do que essa pontuação a cada documento. Assumindo limites inferiores de 0,2, o Documento #1 é sobre aviões e sapatos. O documento #2 é sobre Milton, Shakespeare, carros e livros. O documento #3 é sobre edifícios, tectos e limpeza.

5.2.3 Medida de semelhança de cosseno

A semelhança de cosseno é uma medida de semelhança entre dois vectores de n dimensões que consiste em encontrar o cosseno do ângulo entre eles, sendo frequentemente utilizada para comparar documentos na extração de texto. Dados dois vectores de atributos, A e B, a semelhança do cosseno, θ, é representada utilizando um produto escalar e a magnitude como

$$\text{Similarity} = \cos\theta = \frac{A.B}{||A||||B||} \qquad \text{-----> (5.2)}$$

Para a correspondência de texto, os vectores de atributos A e B são normalmente os vectores tf dos documentos. A similaridade de cosseno pode ser vista como um método de normalização do comprimento do documento durante a comparação.

(a) Medidas de semelhança

O conceito de semelhança é de importância fundamental em quase todos os domínios científicos. Por exemplo, na matemática, os métodos geométricos para avaliar a semelhança são utilizados em estudos de congruência e homotetia, bem como em domínios afins, como a trigonometria. Os métodos topológicos são aplicados em domínios como a semântica. A teoria dos grafos é amplamente utilizada para avaliar as semelhanças colorísticas na taxonomia. A teoria dos conjuntos difusos também desenvolveu as suas próprias medidas de semelhança, que encontram aplicação em áreas como a gestão, a medicina e a meteorologia. Um problema importante em biologia molecular é medir a semelhança de sequência de pares de proteínas.

É impossível fazer uma revisão ou mesmo uma listagem de todas as utilizações da semelhança. Em vez disso, o foco é a semelhança percebida. O grau em que as pessoas percepcionam duas coisas como semelhantes afecta fundamentalmente o seu pensamento racional e o seu comportamento. As negociações entre políticos ou executivos de empresas podem ser vistas como um processo de recolha de dados e avaliação da semelhança entre motivadores hipotéticos e reais. A apreciação de uma fragrância fina pode ser entendida da mesma forma. A semelhança é um elemento central para a compreensão das variáveis que motivam o comportamento e medeiam o afeto.

Não surpreende que a semelhança tenha também desempenhado um papel fundamental em experiências e teorias psicológicas. Por exemplo, em muitas experiências, pede-se às pessoas que façam juízos diretos ou indirectos sobre a semelhança de pares de objectos. Nestes estudos são utilizadas várias técnicas experimentais, mas as mais comuns são perguntar aos sujeitos se os objectos são iguais ou diferentes, ou pedir-lhes que produzam um número, entre 1 e 7, que corresponda às suas sensações sobre a semelhança entre os objectos (por exemplo, com 1 a significar muito diferente e 7 a significar muito semelhante). O conceito de semelhança também desempenha um papel crucial, mas menos direto, na modelação de muitas outras tarefas psicológicas. Isto é especialmente verdade nas teorias de reconhecimento, identificação e categorização de objectos, em que um pressuposto comum é que quanto maior for a semelhança entre um par de objectos, maior será a probabilidade de um ser confundido com o outro. A semelhança também desempenha um papel fundamental na modelação da preferência e do gosto por produtos ou marcas, bem como nas motivações para o consumo de produtos.

5.2.4 Agrupamento Aglomerativo Hierárquico

Na agregação aglomerativa, duas famílias de agregados, respetivamente indexadas por $I = \{i_1, i_2, \ldots, i_p\}$ e $J = \{j_1, j_2, \ldots, j_q\}$, em dois super clusters $X_i = \cup_{i \in I} X_i$ e $X_j = \cup_{j \in J} X_j$. Nas subsecções seguintes derivamos, para cada uma das estratégias de agrupamento hierárquico aglomerativo mais utilizadas, a distância entre os dois superagrupamentos, $D(X_I, X_J)$, em termos das distâncias entre os respectivos agrupamentos componentes, $D(X_i, X_j)$.

(a) Ligação única

No agrupamento de ligação simples, também designado por vizinho mais próximo ou método mínimo, a distância entre dois agrupamentos Xi e Xj é definida como a distância entre o par de indivíduos mais próximo, um em cada agrupamento:

$$D(X_i, X_j) = \min_{x \in X_i} \min_{y \in X_j} d(x, y) \qquad \text{-----> (5.3)}$$

Isto significa que a distância entre dois superaglomerados XI e XJ pode ser definida como

$$D(X_I, X_J) = \min_{x \in X_i} \min_{y \in X_j} d(x, y) = \min_{i \in I} \min_{x \in X_i} \min_{j \in J} \min_{y \in X_j} d(x, y) \qquad \text{-----} > (5.4)$$

Agrupando termos e utilizando a definição da equação (1), obtém-se a definição equivalente:

$$D(X_I, X_J) = \min_{i \in I} \min_{j \in J} d(x, y) \qquad \text{-----} > (5.5)$$

(b) Ligação completa

No agrupamento de ligação completa, também conhecido como método do vizinho mais afastado ou método máximo, a distância do agrupamento é definida como a distância entre o par de indivíduos mais afastado, um em cada agrupamento:

$$D(X_i, X_j) = \max_{x \in X_i} \max_{y \in X_j} d(x, y) \qquad \text{-----} > (5.6)$$

Partindo da equação (5.6) e seguindo o mesmo raciocínio que no caso da ligação simples, alargar a definição de distância ao caso dos superagrupamentos como

$$D(X_I, X_J) = \max_{i \in I} \max_{j \in J} D(X_i, X_j) \qquad \text{-----} > (5.7)$$

(c) Média não ponderada

O agrupamento de média não ponderada, também conhecido como método de média de grupo ou UPGMA (Unweighted Pair-Group Method using Averages), forma iterativamente agrupamentos compostos por pares de agrupamentos previamente formados, com base na média aritmética das distâncias entre os indivíduos que os compõem. Utiliza um procedimento de média não ponderada, ou seja, quando os agrupamentos são unidos para formar um agrupamento maior, a distância entre este novo agrupamento e qualquer outro é calculada ponderando cada indivíduo nesses agrupamentos de forma igual, independentemente da subdivisão estrutural dos agrupamentos:

$$D(X_i, X_j) = \frac{1}{|X_i||X_j|} \sum_{x \in X_i} \sum_{y \in X_j} d(x, y) \qquad \text{-----} > (5.8)$$

(d) Média ponderada

Na estratégia da média ponderada, também designada por WVGMA (Weighted Variable- Group Method using Averages), em substituição do nome do grupo de pares correspondente WPGMA, calcula-se a distância entre dois superagrupamentos XI e XJ através da média aritmética das distâncias entre pares, não entre indivíduos na matriz original de distâncias, mas entre agrupamentos componentes na matriz utilizada na iteração anterior do procedimento:

(e)   Centroide não ponderado

As três técnicas de agrupamento seguintes partem do princípio de que os indivíduos podem ser representados por pontos num espaço euclidiano. Este método e o seguinte assumem ainda que a medida de dissimilaridade entre qualquer par de indivíduos é a distância euclidiana ao quadrado entre o par de pontos correspondente.

Quando a dissemelhança entre dois clusters Xi e Xj é definida como sendo a distância ao quadrado entre os seus centróides, é possível efetuar a agregação de centróides não ponderados (ou simplesmente centróides), também designada por UPGMC (Unweighted Pair-Group Method using Centroids):

$$D(X_I, X_J) = ||\bar{x}_I - \bar{x}_J||^2 \qquad \text{-----> (5.10)}$$

(f)   Centroide ponderado

Na estratégia do centróide ponderado, também designada por método da mediana ou WVGMC (Weighted Variable-Group Method using Centroids) em substituição da designação WPGMC, modifica-se a definição de dissemelhança entre dois clusters dada no caso do centróide não ponderado, atribuindo a cada cluster o mesmo peso no cálculo do "centróide". Agora, o centro de um superagrupamento xi é a média dos centros dos agrupamentos constituintes:

$$\overline{x_I} = \frac{1}{|I|} \sum_{i \in I} \bar{x}_i \qquad \text{-----> (5.11)}$$

(g)   Articulação Entre-entre

É um método de agrupamento hierárquico aglomerativo que minimiza uma distância conjunta entre clusters, medindo tanto a heterogeneidade entre clusters como a homogeneidade dentro dos clusters. Este método estende o método de variância mínima de Ward, definindo a distância entre dois clusters Xi e Xj em termos de qualquer potência $\alpha \in (0, 2)$ das distâncias euclidianas entre indivíduos. Quando $\alpha = 2$, as distâncias dos clusters são uma distância ponderada ao quadrado entre os centros dos clusters

$$D(X_i, X_j) = \frac{2|X_i||X_j|}{|X_i| + |X_j|} ||\bar{x}_i - \bar{x}_j||^2 \qquad \text{-----> (5.12)}$$

igual ao dobro da distância de agrupamento que é utilizada no método de Ward.

CAPÍTULO 6 IMPLEMENTAÇÃO DO SISTEMA E RESULTADOS

6.1 IMPLEMENTAÇÃO DO SISTEMA

Seguem-se os módulos que são implementados neste sistema.

6.1.1 Etapas do pré-processamento de documentos

(a) Tokenização

O documento dado é classificado numa coleção de cadeias de caracteres e depois tratado como uma lista de tokens.

(b) Remover palavras de paragem

As palavras paradas são removidas com base no conjunto de cadeias de caracteres fornecido.

6.1.2 Representação de documentos

Cada documento é representado como um vetor utilizando o modelo de espaço vetorial. O modelo de espaço vetorial, também designado por modelo de vetor de termos, é um modelo algébrico para representar documentos de texto (ou qualquer objeto, em geral) como vectores de identificadores. Por exemplo, o peso TF-IDF.

6.1.3 TF-IDF

TF-IDF significa term frequency-inverse document frequency, é uma estatística numérica que reflecte a importância de uma palavra para um documento numa coleção ou corpus, é o método de ponderação mais comum utilizado para descrever documentos no modelo de espaço vetorial, particularmente em problemas de IR. O número de vezes que um termo ocorre num documento é designado por frequência do termo e calcula-se a frequência do termo para uma palavra como o rácio entre o número de vezes que a palavra ocorre no documento e o número total de palavras no documento. A frequência inversa do documento é uma medida que indica se o termo é comum ou raro em todos os documentos. Obtém-se dividindo o número total de documentos pelo número de documentos que contêm o termo e, em seguida, tomando o logaritmo desse quociente. O tf*idf do termo t no documento d é calculado como:

$$\text{tf-idf}_{t,d} = \text{tf}_{t,d} * \text{idf}_t \qquad \text{-----> (6.1)}$$

6.1.4 Medida de semelhança

A similaridade de cosseno é utilizada para identificar a pontuação de similaridade de um documento. O método FindCosineSimilarity recebe como parâmetro dois argumentos vecA e vecB, que são representações vectoriais dos documentos A e B, e devolve a pontuação de semelhança que se situa entre 1 e 0, indicando que os documentos A e B são completamente semelhantes e dissemelhantes, respetivamente. A semelhança de cosseno pode ser calculada da seguinte forma

$$\text{Similarity} = \cos\theta = \frac{A.B}{||A||\,||B||} \qquad \text{----}> (6.2)$$

6.1.5 Tipo de medida

Podem ser utilizados dois tipos de medidas, distâncias e pesos. Escolha entre elas de acordo com o significado dos dados carregados. Com as distâncias, quanto mais próximos os elementos, menor a sua distância. Pelo contrário, com os pesos, quanto mais próximos os elementos, maior o seu peso. Por defeito, é selecionada a distância.

6.1.6 Algoritmo de agrupamento

Estão disponíveis sete algoritmos de agrupamento: ligação simples, ligação completa, média não ponderada, média ponderada, centróide não ponderado, centróide ponderado e ward. Por defeito, é selecionada a média não ponderada.

6.1.7 Precisão

Representa o número de dígitos decimais significativos dos dados para os cálculos. Este parâmetro é muito importante, uma vez que distâncias iguais com uma determinada precisão podem tornar-se diferentes com o aumento do seu valor. Assim, pode ser responsável pela existência de distâncias empatadas. A regra é não utilizar uma precisão maior do que a resolução dada pela configuração experimental que gerou os dados. Por defeito, a precisão é definida como a do valor dos dados com o maior número de dígitos decimais significativos.

6.1.8 Orientação da árvore

Estão disponíveis quatro orientações, norte, sul, este e oeste, que se referem à posição relativa da raiz da árvore. Por predefinição, é selecionado o norte.

6.1.9 Mostrar bandas

Permite mostrar ou não uma banda no caso de distâncias mínimas empatadas entre três ou mais elementos, e selecionar a cor da banda. Se selecionada, as bandas mostram a heterogeneidade de todas as distâncias entre os elementos agrupados. Caso contrário, os elementos são agrupados de acordo com a sua distância mínima. Por predefinição, a opção Mostrar bandas está selecionada e a sua cor predefinida é cinzento claro.

Nos MultiDendrogramas, se vários pares de elementos partilharem a mesma distância mínima, são agrupados num só passo. Por exemplo, suponha que a distância mínima é de 0,4 e que correspondem aos pares empatados (A, B) e (B, C). O MultiDendrogramas junta-os no mesmo agrupamento (A, B,

C) com altura 0,4. No entanto, se a distância (A, C) for de 0,5, é possível representar o agrupamento (A, B, C) como um retângulo que se estende entre as alturas 0,4 e 0,5, mostrando assim a heterogeneidade dos elementos agrupados.

6.1.10 Número de nós

Estão disponíveis seis tamanhos diferentes de nós. Por predefinição, é selecionado 0 (ou seja, os nós não são mostrados). Seguem-se as definições iniciais que são implementadas para visualizar o gráfico:

• **Mostrar etiquetas:** Permite mostrar ou não as etiquetas dos nós, e selecionar a sua cor e tipo de letra. Por defeito, a opção Mostrar etiquetas está selecionada, o tipo de letra é Arial e a cor é preta:

• **Orientação das etiquetas:** Estão disponíveis três orientações: vertical, horizontal e oblíqua. Por predefinição, é selecionada a vertical:

• **Mostrar eixo:** Permite mostrar ou não o eixo e selecionar a sua cor. Por defeito, a opção Mostrar eixo está selecionada e a cor selecionada é o preto.

• **Valor mínimo / Valor máximo:** Permitem escolher o valor mínimo e máximo do eixo, respetivamente. Também afectam a visualização do dendrograma. Os valores por defeito são calculados a partir dos dados.

6.2 RESULTADOS

Em primeiro lugar, o esquema de agrupamento de pontos de origem com múltiplas perspectivas continua a demonstrar que é um bom algoritmo de agrupamento, superando frequentemente outros métodos. São sempre os melhores em todos os casos de teste do conjunto de dados. A segunda observação é que, ao aplicar este esquema de origem multi-vista para refinar a saída do k-means esférico, as soluções de agrupamento são melhoradas significativamente. Assim, pode inferir-se que conduz a NMIs e precisões mais elevadas do que o Spkmeans em todos os casos. Curiosamente, há muitas circunstâncias em que o resultado do Spkmeans é pior do que o dos métodos de agrupamento NMF, mas depois de refinado por esta metodologia, torna-se melhor.

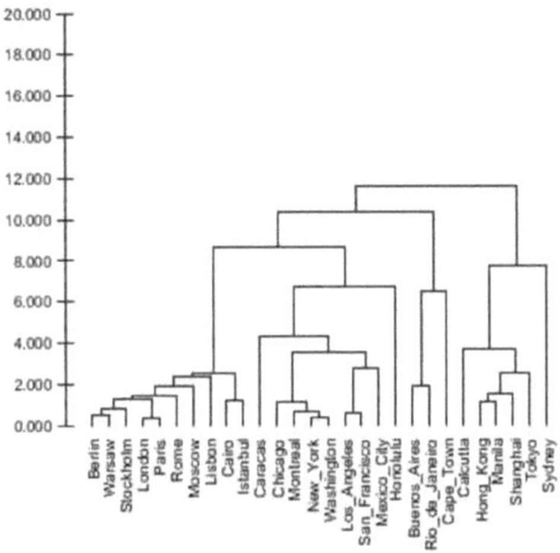

Fig 6.1 : Vista gráfica do dendrograma da amostra

Foram efectuadas duas medições diferentes do resultado: entropia e pureza. Se a pureza for elevada e o valor da entropia for menor, então tende a ser um bom agrupamento. No caso do trabalho proposto, estima-se que os valores de entropia e de pureza sejam 0,161 e 0,916, respetivamente, ao passo que no caso do sistema existente os valores são 0,205 e 0,856. A partir destes valores, pode concluir-se que o trabalho proposto fornece um bom agrupamento do que o anterior.

Finalmente, esta metodologia precedida de k-means esférico não produz necessariamente melhores resultados de agrupamento do que com uma inicialização aleatória. Os algoritmos não estão sujeitos a qualquer restrição e são capazes de seguir a trajetória de pesquisa da sua função objetivo desde o início. Assim, enquanto a melhoria do desempenho após o refinamento do resultado do k-means esférico por este esquema prova a adequação e as suas funções de critério para a agregação de documentos.

CAPÍTULO 7 CONCLUSÃO E MELHORIAS FUTURAS

7.1 CONCLUSÃO

Neste esquema, em vez de aplicar um único ponto de origem, utiliza-se um ponto de origem múltipla para o esquema de agrupamento aglomerativo hierárquico. Isto também permite inferir que o esquema conduz a um aumento da eficiência e da pureza em termos de medição da semelhança e da dissemelhança. Em cada nível de iteração, o sistema actualiza o centróide, optimizando assim os agrupamentos. Em comparação com outros métodos de agrupamento de última geração que utilizam diferentes tipos de medidas de semelhança, num grande número de conjuntos de dados de documentos e sob diferentes métricas de avaliação, como a pureza e a entropia, os algoritmos propostos mostram que o sistema proporciona um desempenho de agrupamento significativamente melhorado. A principal contribuição deste trabalho é o conceito fundamental de medida de similaridade a partir de múltiplos pontos de vista.

7.2 FUTURAS MELHORIAS

Há uma série de direcções de investigação futuras para alargar e melhorar este trabalho. Uma das direcções em que este trabalho pode continuar é a melhoria da precisão do cálculo da semelhança entre documentos, utilizando diferentes estratégias de cálculo da semelhança e diferentes funções de critério. Embora o esquema atual se tenha revelado mais preciso do que os métodos tradicionais, o sistema demora um pouco mais de tempo do que o anterior, pelo que ainda há margem para melhorar o desempenho. Aplicando várias estratégias de cálculo, também é possível melhorar a qualidade do agrupamento.

APÊNDICE

1. CÓDIGO DA FONTE

```java
/*Single linkage*/
package multidendrograms.methods;
import multidendrograms.initial.Language;
import multidendrograms.types.MethodName;
import multidendrograms.definitions.Cluster;
import multidendrograms.definitions.DistancesMatrix;
public class SingleLinkage extends Method {
public SingleLinkage(final Cluster ci, final Cluster cj, final DistancesMatrix md) {
            super(ci, cj, md);
}
public MethodName getMethodName() {
    return MethodName.SINGLE_LINKAGE;
}
protected double getAlfa_ij(final Cluster i, final Cluster j) {
    double res = 1.0;
    double tmp;
    int a, b;
    a = cI.isSupercluster() ? cI.getCardinality() : 1;
    b = cJ.isSupercluster() ? cJ.getCardinality() : 1;
    tmp = (a * b);
    res = res / tmp;
    return res;
}
protected double getBeta_ii(final Cluster i, final Cluster ii) {
    return 0;
}
protected double getBeta_jj(final Cluster j, final Cluster jj) {
    return 0;
```

```java
}

protected double getGamma_ij(final Cluster i, final Cluster j) {
      return this.getAlfa_ij(i, j);
}
protected double calculateGammaTerm() throws Exception {
      double res, dif, gamma, tmp;
      res = 0.0;
      if (mdAct.isDistancesType()) {
            dif = this.getMinDistance(cJ, cI);
      } else {
            dif = this.getMaxDistance(cJ, cI);
      }
      if (cI.isSupercluster() && cJ.isSupercluster()) {
            for (int i = 0; i < cI.getNumSubclusters(); i++) {
            for (int j = 0; j < cJ.getNumSubclusters(); j++) {
            gamma = this.getGamma_ij(cI.getSubcluster(i),cJ.getSubcluster(j));
            tmp = mdAct.getDistance(cI.getSubcluster(i),cJ.getSubcluster(j));
            tmp = tmp - dif;
            tmp = tmp * gamma;
            res = res + tmp;
            }
            }
            }
            else if (cI.isSupercluster() || cJ.isSupercluster()) {
                  if (cI.isSupercluster()) {
                        for (int i = 0; i < cI.getNumSubclusters(); i++) {
                              gamma = this.getGamma_ij(cI.getSubcluster(i), cJ);
                              tmp = mdAct.getDistance(cI.getSubcluster(i), cJ);
                              tmp = tmp - dif;
```

```java
                    tmp = tmp * gamma;

                    res = res + tmp;

                }

            } else {

            for (int j = 0; j < cJ.getNumSubclusters(); j++) {

                    gamma = this.getGamma_ij(cJ.getSubcluster(j), cI);

                    tmp = mdAct.getDistance(cJ.getSubcluster(j), cI);

                    tmp = tmp - dif;

                    tmp = tmp * gamma;

                    res = res + tmp;

                }

        }

} else {

        throw new Exception(Language.getLabel(69));

        }

        res = -res;

        return res;

}

}


/*Unweighted average*/

package multidendrograms.methods;

import multidendrograms.definitions.Cluster;

import multidendrograms.definitions.DistancesMatrix;

import multidendrograms.types.MethodName;

public class UnweightedAverage extends Method {

public UnweightedAverage(final Cluster ci, final Cluster cj,

                                final DistancesMatrix md)

{

        super(ci, ci, md);
```

```java
}
public MethodName getMethodName() {
        return MethodName.UNWEIGHTED_AVERAGE;
}
protected double calculateGammaTerm() {
        return 0;
}


protected double getAlfa_ij(final Cluster i, final Cluster j) {
        double tmp, res;
        tmp = cI.getNumLeaves() * cJ.getNumLeaves();
        res = i.getNumLeaves() * j.getNumLeaves();
        res = res / tmp;
        return res;
}
protected double getBeta_ii(final Cluster i, final Cluster ii) {
        return 0;
}
protected double getBeta_jj(final Cluster j, final Cluster jj) {
        return 0;
}
protected double getGamma_ij(final Cluster i, final Cluster j) {
        return 0;
}
}


/*Unweighted Centroid*/
package multidendrograms.methods;
import multidendrograms.definitions.Cluster;
import multidendrograms.definitions.DistancesMatrix;
```

```java
import multidendrograms.types.MethodName;
public class UnweightedCentroid extends Method {
public UnweightedCentroid(final Cluster ci, final Cluster cj,
                                    final DistancesMatrix md)
{
    super(ci, cj, md);
}
public MethodName getMethodName() {
    return MethodName.UNWEIGHTED_CENTROID;
}
protected double calculateGammaTerm() {
    return 0;
}
protected double getAlfa_ij(final Cluster i, final Cluster j) {
    double tmp, res;
    tmp = cI.getNumLeaves() * cJ.getNumLeaves();
    res = i.getNumLeaves() * j.getNumLeaves();
    res = res / tmp;
    return res;
}
protected double getBeta_ii(final Cluster i, final Cluster ii) {
    double res, tmp;
    res = i.getNumLeaves() * ii.getNumLeaves();
    tmp = cI.getNumLeaves();
    tmp = Math.pow(tmp, 2);
    res = res / tmp;
    res = -res;
    return res;
}
protected double getBeta_jj(final Cluster j, final Cluster jj) {
```

```java
        double res, tmp;

        res = j.getNumLeaves() * jj.getNumLeaves();

        tmp = cJ.getNumLeaves();

        tmp = Math.pow(tmp, 2);

        res = res / tmp;

        res = -res;

        return res;

}

protected double getGamma_ij(final Cluster i, final Cluster j) {

        return 0;

}

}


/*Ward*/

package multidendrograms.methods;

import multidendrograms.definitions.Cluster;

import multidendrograms.definitions.DistancesMatrix;

import multidendrograms.types.MethodName;

public class Ward extends Method {

public Ward(final Cluster ci, final Cluster cj, final DistancesMatrix md) {

        super(ci, cj, md);

}

public MethodName getMethodName() {

        return MethodName.WARD;

}

protected double calculateGammaTerm() {

        return 0;

}

protected double getAlfa_ij(final Cluster i, final Cluster j) {

        double res, tmp;
```

```java
        res = i.getNumLeaves() + j.getNumLeaves();
        tmp = cI.getNumLeaves() + cJ.getNumLeaves();
        res = res / tmp;
        return res;
}
protected double getBeta_ii(final Cluster i, final Cluster ii) {
        double den, tmp, res;
        den = cI.getNumLeaves() + cJ.getNumLeaves();
        tmp = i.getNumLeaves() + ii.getNumLeaves();
        tmp = tmp / den;
        den = cI.getNumLeaves();
        res = cJ.getNumLeaves();
        res = res / den;
        res = res * tmp;
        res = -res;
        return res;
}
protected double getBeta_jj(final Cluster j, final Cluster jj) {
        double den, tmp, res;
        den = cI.getNumLeaves() + cJ.getNumLeaves();
        tmp = j.getNumLeaves() + jj.getNumLeaves();
        tmp = tmp / den;
        den = cJ.getNumLeaves();
        res = cI.getNumLeaves();
        res = res / den;
        res = res * tmp;
        res = -res;
        return res;
}
protected double getGamma_ij(final Cluster i, final Cluster j) {
```

```java
		return 0;

	}

}


/*Weighted Average*/
package multidendrograms.methods;
import multidendrograms.definitions.Cluster;
import multidendrograms.definitions.DistancesMatrix;
import multidendrograms.types.MethodName;
public class WeightedAverage extends Method {
public WeightedAverage(final Cluster ci, final Cluster cj, final DistancesMatrix md)
{
		super(ci, cj, md);
}
public MethodName getMethodName() {
		return MethodName.WEIGHTED_AVERAGE;
}
public double getAlfa_ij(final Cluster i, final Cluster j) {
		double res = 1.0;
		double tmp;
		int a, b;
		a = cI.isSupercluster() ? cI.getCardinality() : 1;
		b = cJ.isSupercluster() ? cJ.getCardinality() : 1;
		tmp = (a * b);
		res = res / tmp;
		return res;
}
public double getBeta_ii(final Cluster i, final Cluster j) {
		return 0;
}
```

```java
public double getBeta_jj(final Cluster j, final Cluster jj) {
    return 0;
}
public double getGamma_ij(final Cluster i, final Cluster j) {
    return 0;
}
public double calculateGammaTerm() {
    return 0;
}
}


/*Weighted Centroid*/
package multidendrograms.methods;
import multidendrograms.definitions.Cluster;
import multidendrograms.definitions.DistancesMatrix;
import multidendrograms.types.MethodName;
public class WeightedCentroid extends Method {
public WeightedCentroid(final Cluster ci, final Cluster cj, final DistancesMatrix md)
{
    super(ci, cj, md);
}
public MethodName getMethodName() {
    return MethodName.WEIGHTED_CENTROID;
}
protected double getAlfa_ij(final Cluster i, final Cluster j) {
    double res = 1.0;
    double tmp;
    int a, b;
    a = cI.isSupercluster() ? cI.getCardinality() : 1;
    b = cJ.isSupercluster() ? cJ.getCardinality() : 1;
```

```java
        tmp = (a * b);
        res = res / tmp;
        return res;
    }
    protected double getBeta_ii(final Cluster i, final Cluster ii) {
        double res = 1.0;
        double tmp;
        tmp = Math.pow(cI.getCardinality(), 2);
        res = res / tmp;
        res = -res;
        return res;
    }
    protected double getBeta_jj(final Cluster j, final Cluster jj) {
        double res = 1.0;
        double tmp;
        tmp = Math.pow(cJ.getCardinality(), 2);
        res = res / tmp;
        res = -res;
        return res;
    }
    protected double getGamma_ij(final Cluster i, final Cluster j) {
        return 0;
    }
    protected double calculateGammaTerm() {
        return 0;
    }
}

/*Ultrametric matrix*/
package multidendrograms.dendrogram;
```

```java
import java.io.File;

import java.io.FileWriter;

import java.io.PrintWriter;

import java.text.NumberFormat;

import java.util.Hashtable;

import java.util.LinkedList;

import java.util.List;

import java.util.Locale;

import multidendrograms.initial.LogManager;

import multidendrograms.initial.Language;

import multidendrograms.data.SimilarityStruct;

import multidendrograms.definitions.Cluster;

import multidendrograms.utils.DeviationMeasures;

import multidendrograms.utils.MathUtils;

public class UltrametricMatrix {

        private PrintWriter pw;

        private LinkedList<SimilarityStruct<String>> originalData;

        private Cluster root;

        private int precision;

        private String[] names;

        private Hashtable<String, Integer> htNames;

        private int size;

        private double[][] ultraMatrix = null;

        private double[][] originalMatrix = null;

        public UltrametricMatrix(LinkedList<SimilarityStruct<String>>

                                        originalData, Cluster root, int precision)

        {

                this.originalData = originalData;

                this.root = root;

                this.precision = precision;
```

```java
        size = root.getNumLeaves();
        ultraMatrix = new double[size][size];
        originalMatrix = new double[size][size];
        sortNamesByLeaf();
        calculateUltrametricMatrix(root);
        calculateOriginalMatrix();
    }
    private void sortNamesByLeaf() {
        List<Cluster> leavesList = root.getLeaves();
        List<String> namesList = new LinkedList<String>();
        htNames = new Hashtable<String, Integer>();
        for (int i = 0; i < leavesList.size(); i++) {
            namesList.add((leavesList.get(i)).getName());
        }
        names = new String[size];
        for (int i = 0; i < namesList.size(); i++) {
            htNames.put(namesList.get(i), i);
            names[i] = namesList.get(i);
        }
    }
    private void calculateUltrametricMatrix(Cluster c) {
        int posi, posj;
        if (c.getNumSubclusters() > 1) {
            List<Cluster> l = c.getLeaves();
            double h = MathUtils.round(c.getHeight(), precision);
            for (int n = 0; n < l.size(); n++)
                for (int i = 0; i < c.getLeaves().size(); i++) {
                    Cluster ci = c.getLeaves().get(i);
                    posi = htNames.get(ci.getName());
                    ultraMatrix[posi][posi] = 0.0;
```

```java
                        for (int j = i + 1 ; j < c.getLeaves().size(); j++) {
                                Cluster cj = c.getLeaves().get(j);
                                posj = htNames.get(cj.getName());
                                ultraMatrix[posi][posj] = h;
                                ultraMatrix[posj][posi] = h;
                        }
                }
                for (int n = 0; n < c.getNumSubclusters(); n++) {
                        try {
                                calculateUltrametricMatrix(c.getSubcluster(n));
                        } catch (Exception e) {
                                e.printStackTrace();
                        }
                }
        }
}
private void calculateOriginalMatrix() {
        int posi, posj;
        SimilarityStruct<String> sim;
        for (int s = 0; s < originalData.size(); s++) {
        sim = originalData.get(s);
        posi = htNames.get(sim.getC1());
        posj = htNames.get(sim.getC2());
        originalMatrix[posi][posj] = sim.getVal();
        originalMatrix[posj][posi] = originalMatrix[posi][posj];
}
for (int i = 0; i < size; i++) {
        originalMatrix[i][i] = 0.0;
}
}
```

```java
public void saveAsTXT(String path, int precision) throws Exception {
try {
        File f = new File(path);
        FileWriter fw = new FileWriter(f);
        pw = new PrintWriter(fw);
        printUltrametricMatrix(precision);
        pw.close();
}
catch (Exception e) {
        String msg_err = Language.getLabel(81);
        LogManager.LOG.throwing("UltrametricTXT.java", "saveFile()", e);
        e.printStackTrace();
        throw new Exception(msg_err);
}
}
private void printUltrametricMatrix(int prec) {
        String str = "";
        NumberFormat nf = NumberFormat.getInstance(Locale.ENGLISH);
        nf.setMinimumFractionDigits(prec);
        nf.setMaximumFractionDigits(prec);
        nf.setGroupingUsed(false);
        for (int i = 0; i < names.length; i++)
                str += names[i] + "\t";
        pw.println(str);
        int n = ultraMatrix.length;
        for (int i = 0; i < n; i++) {
                str = "";
                for (int j = 0; j < n; j++)
                        str += nf.format(ultraMatrix[i][j]) + "\t";
                        pw.println(str);
```

```java
        }
}
public double getCopheneticCorrelation() {
return DeviationMeasures.getCopheneticCorrelation(originalMatrix, ultraMatrix);
}
public double getSquaredError() {
        return DeviationMeasures.getSquaredError(originalMatrix, ultraMatrix);
}
public double getAbsoluteError() {
        return DeviationMeasures.getAbsoluteError(originalMatrix, ultraMatrix);
}
public void showMatrix(double[][] matriu) {
        String cad = "";
        int n = matriu.length;
        for (int i = 0; i < n; i++) {
                cad = "";
                for (int j = 0; j < n; j++)
                        cad += matriu[i][j] + "\t";
                System.out.println(cad);
}}}
```

2. IMAGENS DE ECRÃ

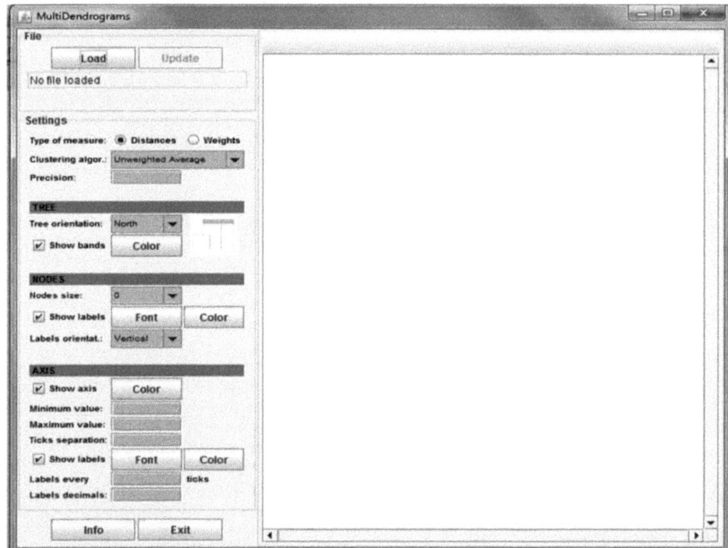

Fig 1 : Fase inicial

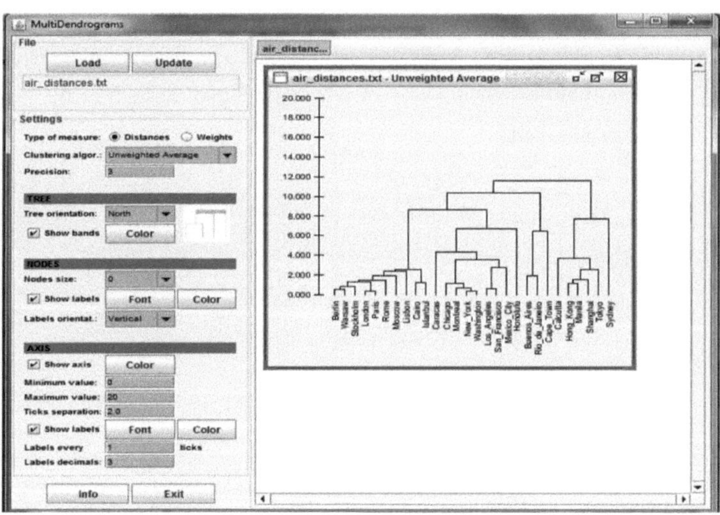

Fig 2 : Dendrograma para o ficheiro de amostra

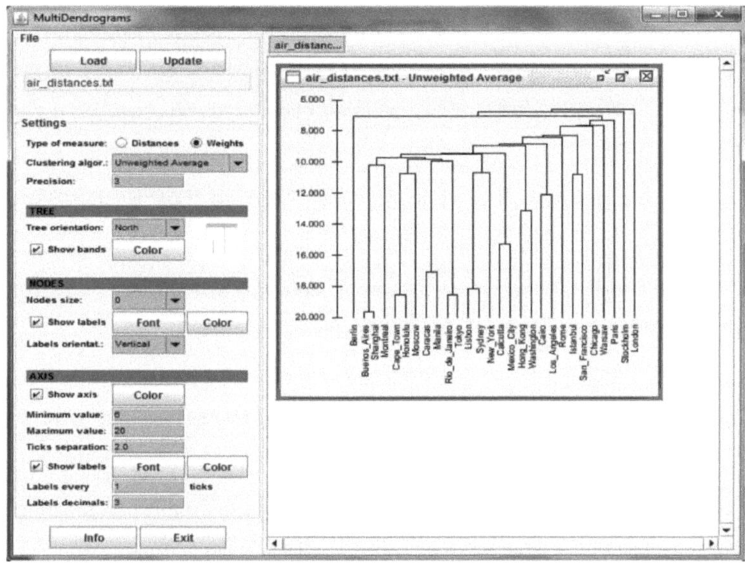

Fig 3 : Dendrograma para o ficheiro de amostra utilizando Pesos como medida

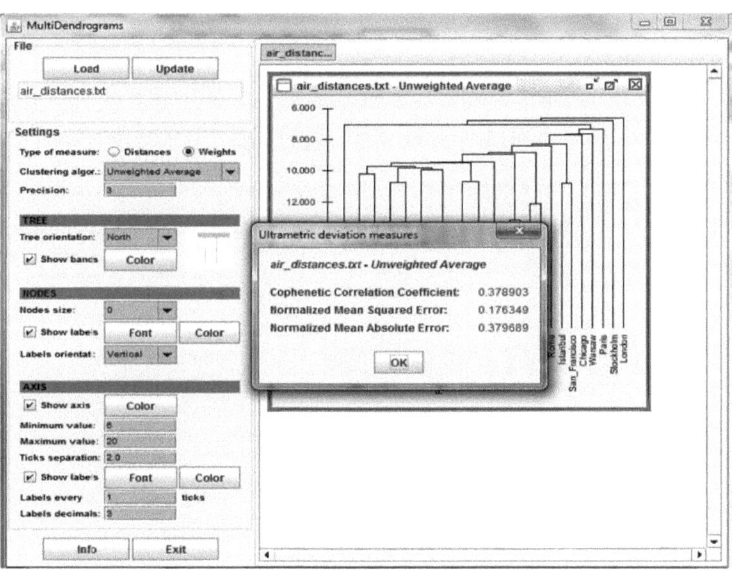

Fig 4 : Visualização das medidas de desvio

REFERÊNCIAS

[1]   Duc Thang Nguyen, Lihui Chen e Chee Keong Chan, "Clustering with Multiviewpoint-Based Similarity Measure", IEEE Transactions on Knowledge and Data Engineering, vol. 24, n.º 6, pp. 988-1001, junho de 2012.

[2]   Shi Zhong "Efficient Online Spherical K-means Clustering", In Proc. IEEE Int. Joint Conf. Redes Neurais (IJCNN 2005), pp. 3180-3185, agosto de 2005.

[3]   Praveen Lakkaraju, S.Gauch e M.Speretta , "Document Similarity Based on Concept Tree Distance", Proc. 19th ACM Conf. Hypertext and Hypermedia, pp. 127-132, 2008.

[4]   Khaled M. Hammouda e Mohamed S. Kamel "Efficient Phrase-Based Document Indexing for Web Document Clustering", IEEE Transactions on Knowledge and Data Engineering, vol. 16, n.º 10, pp. 1279-1296, outubro de 2004.

[5]   A. Strehl, J. Ghosh, e R. Mooney "Impact of Similarity Measures on Web-Page Clustering", Workshop of Artificial Intelligence for Web Search, pp. 58-64, julho de 2000.

[6]   T. Velmurugan and T. Santhanam "Document Clustering Using K-Means, Heuristic K-Means and Fuzzy C-Means", Computational Intelligence and Communication Networks (CICN), pp. 297-301, Oct. 2011.

[7]   Jerome H. Friedman e Jacqueline J. Meulman, "Clustering Objects on Subsets of Attributes", J.Royal Statistical Soc. Series b Statistical Methodology, vol. 66, no. 4, pp. 815-839, março de 2004.

[8]   Benjamin C.M. Fung, Ke Wang e Martin Ester, "Hierarchical Document Clustering Using Frequent Itemsets", Networks of Centres of Excellence/Institute for Robotics and Intelligent Systems, maio de 2003.

[9]   Y. Zhao e G. Karypis, "Empirical and Theoretical Comparisons of Selected Criterion Functions for Document Clustering" Machine Learning, vol. 55, no. 3, pp. 311-331, junho de 2004.

I want morebooks!

Buy your books fast and straightforward online - at one of world's fastest growing online book stores! Environmentally sound due to Print-on-Demand technologies.

Buy your books online at
www.morebooks.shop

Compre os seus livros mais rápido e diretamente na internet, em uma das livrarias on-line com o maior crescimento no mundo! Produção que protege o meio ambiente através das tecnologias de impressão sob demanda.

Compre os seus livros on-line em
www.morebooks.shop